Yo fui la espía
que amó al Comandante

Yo fui la espía que amó al Comandante

Marita Lorenz

Una vida de película:
de los campos nazis a Fidel Castro,
la CIA y el asesino de Kennedy

Con la colaboración de
Idoya Noain

Ariel

Obra editada en colaboración con Grup Editorial 62, S.L.U – España

Las imágenes de los pliegos, excepto aquellos en los que figura el crédito correspondiente, pertenecen al archivo personal de la autora.

El editor quiere agradecer las autorizaciones recibidas para reproducir imágenes protegidas en este libro. Se han realizado todos los esfuerzos para contactar con los propietarios de los *copyrights*. Con todo, si no se ha conseguido la autorización o el crédito correcto, el editor ruega que le sea comunicado.

ÍNDICE

DE LA HISTORIA OFICIAL A LA VERDAD

«Testigo no creíble.» De este modo me descalificó un miembro del Comité Especial de la Cámara Baja del Congreso de Estados Unidos que investigó el asesinato de John F. Kennedy y ante el que en 1978 presté declaración jurada, protegida por una orden de inmunidad.

Sí, fui testigo, testigo y algo más, de acontecimientos y junto a personas que marcaron la vida política de la segunda mitad del siglo XX. El Berlín de la guerra, los campos de concentración, la persecución y el dolor. Cuba y la revolución. Fidel, mi gran amor. Respecto a la credibilidad que puso en duda el mismo poder que me entrenó para robar y matar, para mentir y actuar por encima de la ley... Eso, querido lector, prefiero dejarlo en sus manos. Yo sé cuál es la verdad, porque estaba ahí. Todo lo que vi y viví está en mi memoria, y no lo puedo borrar.

Me llamo Ilona Marita Lorenz. Nací en Alemania en 1939, unos días antes de que Hitler invadiera Polonia. En la guerra pasé por el hospital de Drangstedt y por el campo de concentración de Bergen-Belsen. Sobreviví. Poco después de la liberación, a los siete años, fui violada por un sargento estadounidense.

En 1959, cuando tenía diecinueve años, conocí a Fidel Castro. Me convertí en su amante y quedé embarazada. En Cuba fui drogada y forzada a lo que dijeron fue un aborto, pero dos décadas más tarde Fidel me presentó a Andrés, el hijo que me arrebataron en aquella mesa de operaciones. ¿Alguien puede imaginar qué supone eso para una madre que salió de la isla con el vientre vacío?

Empujada por la CIA y el FBI me involucré en la Operación 40, una trama gubernamental que unió a personajes vinculados a agencias federales, el exilio cubano, soldados de fortuna y la mafia para intentar, en vano, derrocar a Castro. Me enviaron a La Habana para asesinarle con dos píldoras. Y no fue que fallara, como cientos de otros que lo intentaron después: simplemente, fui incapaz de hacerlo. No lo lamento, al contrario: es de lo que más orgullosa estoy en mi vida.

Poco después me enamoré en Miami de Marcos Pérez Jiménez, el dictador venezolano, y tuve una hija, Mónica, *Moniquita*. Cuando fue repatriado y nuestro abogado me robó los fondos que Marcos nos había asignado intenté seguirle, pero acabé abandonada con mi pequeña durante meses en la selva venezolana con una tribu de indios yanomami.

En noviembre de 1963 viajé de Miami a Dallas en un convoy del que formaban parte Frank Sturgis, años después detenido en el Watergate; un agente de la CIA; diversos exiliados cubanos, y un hombre al que yo conocía de los entrenamientos de la Operación 40 en los Everglades: Ozzie, más conocido por el mundo como Lee Harvey Oswald, acusado del magnicidio de John Fitzgerald Kennedy y asesinado luego por Jack Ruby, con el que coincidí en el motel donde nos quedamos en Dallas.

Fui *party girl* de la mafia neoyorquina, de la que salieron algunos de mis amantes, aunque hubo también alguno, importante, de la policía. Me casé y tuve un hijo, Mark, *Beegie*, con un hombre que espiaba a diplomáticos del bloque soviético para el FBI, misión a la que me sumé. Cuando antes del testimonio en el Congreso, Sturgis desveló públicamente en la prensa a qué me dedicaba yo, mi mundo empezó a desmoronarse.

He sido una mujer en un entorno de hombres. He inventado mentiras para protegerme, a mí o a mis hijos, y he dicho la verdad cuando me ha convenido. Ahora quiero dejar las cosas claras, quizá hacer pensar a determinada persona que trabaja en la sombra para el gobierno norteamericano que no merece la pena dejar que otros tomen decisiones por ti.

He estado viviendo los últimos años de la asistencia pública, sin pensión alguna, en un bajo en Queens con mi perro *Bufty*, una gata, una tortuga y un enorme pez naranja que de vez en cuando se lanza como en una misión suicida contra el cristal de la pecera.

Nunca he pensado en quitarme la vida, aunque a veces he querido morir. Pero morir es fácil; el reto es vivir. Cada día es una lucha. A menudo me lamento por el tiempo perdido en misiones que no tenían nada que ver conmigo, por las esperanzas depositadas en hombres equivocados, pero estoy orgullosa de haber sobrevivido a varias guerras, a una agresión sexual, a unos cuantos intentos de asesinato, al acoso del gobierno, a infinidad de robos, miserias y traiciones incluso de mi propia sangre...

Mi historia tiene luces y sombras. Hay quien pueda pensar que es bastante increíble. Pero, ya saben, la realidad supera siempre la ficción. Y la mía, además, está construida con recuerdos que ocasionalmente se enfangan en la historia oficial, esa que, si se me permite recordarlo, no siempre es creíble.

1

NO HABLES, NO PIENSES, NO RESPIRES

Siempre estuve destinada a estar sola. Y no sé por qué.

Debía haber venido al mundo con mi hermana gemela, a la que iban a llamar Ilona, pero cuando mi madre llegó al hospital Saint Joseph, en la ciudad alemana de Bremen, se abalanzó sobre ella el pastor alemán de un oficial de las SS que la increpaba por haber seguido acudiendo hasta el final de su embarazo a un ginecólogo judío. En aquel ataque mi hermana murió y yo sobreviví, y aunque iba a ser llamada Marita quisieron honrar a esa pequeña muerta y me pusieron como nombre Ilona Marita Lorenz.

Era el 18 de agosto de 1939 y quedaban solo unos días para que Alemania comenzara la invasión de Polonia y prendiera la mecha que haría estallar la Segunda Guerra Mundial. A mamá prácticamente la echaron del hospital para hacer sitio a posibles heridos y ella no podía contar con mi padre, que en esos momentos no estaba en Alemania: como prácticamente toda su vida, antes y después, él estaba en el mar.

Mamá se llamaba Alice June Lofland, una mujer cuya vida, aún a día de hoy, está rodeada de misterio e interrogantes, de secretos que ya nunca podrán ser revelados, una auténtica artista de la interpretación cuyo verdadero yo dudo que nadie llegara nunca a conocer. Tenía dos certificados de nacimiento. Según uno de ellos nació el 15 de octubre de 1902. En el otro, en cambio, figura como fecha de nacimiento el mismo día pero del año 1905. Obviamente uno de los dos documentos es una falsificación, pero ni yo ni nadie en mi familia hemos llegado a descubrir cuál. Cuando le preguntaba a mi madre por sus orígenes, siempre me daba la misma respuesta, palabras de una mujer que siempre se mostró en extremo reservada: «No importa, no importa».

Lo único seguro es que mamá nació en Wilmington, en el estado de Delaware, en el este de Estados Unidos, y allí se crió. En su familia cultivaban la tierra, pero ella siempre se sintió diferente, incluso cuando era solo una niña, y cuando llegó a la adolescencia sus padres la mandaron a Nueva York, a una escuela privada en Park Avenue, «la mejor», según decía. Empezó a bailar y entró en el mundo del espectáculo, llegando a actuar en obras de Broadway bajo el nombre artístico de June Paget. Quizá fue entonces cuando empezó a descubrir su habilidad y talento para formar parte de un mundo de máscaras y personajes que nunca después pudo, quiso o supo abandonar.

En esa primera época de su vida tuvo algún amorío que no funcionó, aunque por escritos y papeles que hemos ido encontrando en la familia a lo largo de los años quizá sea más apropiado pensar en varios romances. Uno de los hombres que sabemos que se enamoró perdidamente de aquella hermosa y decidida joven rubia y de ojos azules fue William Pyle Philips, un importante financiero; pero Alice quería tener hijos, y aquel hombre era no solo bastante mayor sino también su primo, así que aquella aventura no tenía a ojos de mi madre opción alguna de prosperar. Además, ella quería llevar una vida independiente y trabajar en el cine, y nada importó que Philips le implorase que no lo dejara y le ofreciera organizar todo lo necesario para que pudiese protagonizar su propia película e incluso abrirle un cine solo para ella. Mamá, que hablaba un francés fluido, decidió irse a París, donde habían empezado a rodarse películas con sonido. Tenía dieciocho o diecinueve años, y creo que, más allá de sus aspiraciones profesionales, quería escapar también de otros hombres que la perseguían; y no eran pocos, porque mamá despertaba auténticas pasiones.

En esa combinación de huida y búsqueda zarpó en 1932 desde Nueva York en el *Bremen*, un barco de pasajeros de la Norddeustcher Lloyd, la línea naviera del norte de Alemania, y durante la travesía conoció al capitán suplente, Heinrich Lorenz, el hombre que acabaría siendo *papa*. Nunca le llamé papá, padre o papi; para mí siempre fue *papa*. Era un hombre fuerte, con cabello y ojos oscuros, posiblemente de ascendencia italiana, y tanto las mujeres como los hombres se volvían locos por él.

Nació el 8 de abril de 1898 en Bad Münster am Stein-Ebernburg, una localidad del sur de Alemania famosa por sus manantiales. Procedía de una familia de terratenientes, pero de la misma manera que mamá encontró su pasión lejos de la tierra, en un mundo de escenarios y bambalinas, para él el futuro ansiado tampoco pasaba por los viñedos familiares. El mar era su vida, su sueño, un espacio de libertad... Y lo conquistó. Con doce años ya estaba navegando, cuando acabó el instituto se alistó en varios buques mercantes y en 1918 fue admitido por la Marina alemana. Después de la Primera Guerra Mundial, y tras pasar un par de años en una goleta que cubría una ruta por Sudamérica, empezó a trabajar para la Lloyd.

Mamá nunca llegó a París porque en aquella travesía se enamoraron. Ella se quedó en la localidad portuaria de Bremerhaven, donde *papa* tenía entonces su casa, y el 31 de agosto de 1921 se casaron.

Alice detestaba vivir en una ciudad pesquera, así que convenció a *papa* para mudarse a Bremen, unos sesenta kilómetros al sur, donde su vida transcurrió cómodamente en los primeros años de matrimonio. El trabajo de mi padre estaba tan bien pagado como para que ella pudiera lucir pieles y diamantes, y vivían en una casa preciosa, con puertas francesas acristaladas siempre impolutas, jardín y un abedul, dos plantas, un bajo y un garaje. El café de la mañana, el desayuno, la comida y la cena se servían en el comedor, «nunca en la cocina como sirvientes», según decía, y se usaba siempre la vajilla de porcelana y la cubertería de plata, con un centro de flores o de frutas sobre la mesa y los platos calientes en un carrito. Después de cada comida la mesa se cubría con un mantel de encaje.

Mamá tenía ayuda doméstica, pero a veces se arrodillaba ella misma para encerar el suelo a mano y contribuía a las tareas domésticas para que todo estuviera siempre perfecto.

Alice hablaba con orgullo de sus raíces en la nobleza inglesa de la isla de Wight; había buceado en sus ancestros por la rama materna de su familia hasta llegar al siglo x y a la casa de los Osborne, y presumía de que en la familia «no había clase trabajadora ni comerciantes» y todo el mundo era «culto, educado e intelectual». Ella misma, aunque nunca llegó a hablar perfectamente alemán, se dedicó a leer la obra de grandes autores de la literatura germana y de filósofos como Arthur Schopenhauer o Immanuel Kant, y también estudiaba piano y seguía educándose como autodidacta.

Papa, que a lo largo de los años había desarrollado por su trabajo muy buenas relaciones, acudía a veces a casa acompañado por figuras importantes de la época, y en aquellas jornadas y veladas la puerta se llenaba de descapotables negros y él se vestía con uniforme de gala, medallas, espada... El tiempo que *papa* pasaba en casa, no obstante, no era mucho. Estaba casi siempre de viaje y cada vez que volvía de la mar había un hijo que conocer. En el primer embarazo mamá esperaba trillizos, pero el 27 de mayo de 1934 tuvo un parto prematuro en el que dos niñas no sobrevivieron y solo lo hizo un varón. Era el primogénito, y *papa* quería que se llamara Fritz, en honor a su hermano. Pero durante su travesía en barco en 1932, mamá había conocido en el *Bremen* a un hijo del káiser de Alemania que le pidió que rindiera homenaje a un hermano fallecido, y ella satisfizo esa petición y mi hermano mayor recibió el nombre de Joachim, aunque yo siempre le he llamado Joe o JoJo.

Después de él, el 11 de agosto de 1935, llegó a la familia Philip, *Kiki*, que fue quien más desarrolló la pasión por la música y las artes que mamá se esforzaría tanto por inculcarnos a todos. En la elección del nombre de su segundo vástago *papa* tampoco tuvo mucho que decir, pues cuando mamá abandonó a Philips, el primo financiero que tan perdidamente enamorado de ella estuvo, lo único que le dejó aparte del corazón roto fue la promesa de que, si como soñaba tenía hijos, bautizaría a uno en su honor.

El 9 de octubre de 1936 nació mi única hermana, con la que he tenido siempre la más complicada de mis relaciones fraternales. *Papa* quería que ella se llamara Elsa, pero mamá acabó decidiendo que se llamara Valerie. En su último parto, mamá también se salió con la suya al elegir nombre y evitó que yo tuviera el que mi progenitor quería para mí, Anna.

¿Una familia de espías?

Mientras Europa y el mundo se asomaban al abismo, mis padres empezaron a moverse en un laberinto cuyo recorrido siempre me ha resultado inescrutable. Nunca he podido saber a ciencia cierta cuáles fueron los verdaderos pensamientos políticos de mis padres y, con los años, solo he descubierto algunos detalles tras los que late un enredo de espionaje y jugadas a varias bandas, algo que, visto cómo transcurriría mi vida después, debió de pasar a mi ADN.

En 1938, por ejemplo, *papa* y el capitán de otro barco alemán fueron detenidos como «testigos materiales» de una trama investigada por el FBI, una «caza de espías» que *The New York Times* describió en su día como una de las mayores que Estados Unidos había visto desde la Primera Guerra Mundial. En marcha desde 1935, la red camuflaba a agentes de los servicios secretos alemanes como miembros de la tripulación de los barcos germanos para hacerlos llegar a Estados Unidos, donde se instalaban y ayudaban a comunicarse a militares estadounidenses que habían empezado a colaborar con Alemania y estaban robando secretos del Ejército y de la Marina. La peluquera del *Europa*, Johanna Hofmann, fue detenida en febrero, cuando *papa* capitaneaba el barco, y era, según los investigadores, la figura clave en la red, el enlace para que se comunicaran los estadounidenses reclutados por Alemania que no se conocían entre sí.

La detención de *papa* y el otro capitán se produjo el 3 de junio y llegó a la portada de *The New York Times*, pero al día siguiente, según recogió también en primera plana el diario, zarparon de regreso a Alemania sin problemas. Se les vio en aquella partida saludando sonrientes a Leon Torrou, un agente especial del FBI, y a Lester Dunigan, ayudante del fiscal general, y aunque no tengo forma de probarlo con absoluta certeza diría que fue entonces cuando mi padre empezó a colaborar con Estados Unidos realizando tareas de contraespionaje, una colaboración al menos como informador de la que hay algunas huellas en documentos oficiales.

La guerra estalló cuando yo tenía solo dos semanas de vida, el 1 de septiembre de 1939. Durante el inicio de la contienda, *papa* tripuló buques de guerra y barcos que navegaban por Groenlandia y acudían a estaciones meteorológicas, aunque en 1941 se le ordenó regresar porque iba a ser nombrado comandante del *Bremen*, un barco que se haría famoso porque fue uno de los buques que se pensaba emplear en la operación *Seeloewe*, *León de mar*, con la que Adolf Hitler barajó durante un tiempo la invasión de Inglaterra. La idea era camuflar el barco y ocultar en su interior cañones y tanques que se utilizarían para acometer la invasión, pero el plan nunca llegó a ser ejecutado. *Papa* recibió el 16 de marzo una llamada urgente avisándole de que el *Bremen* estaba envuelto en llamas en el puerto de Bremerhaven. La versión oficial es que le había prendido fuego un grumete de quince años insatisfecho y con problemas con los propietarios, que fue condenado a muerte y ejecutado, aunque la verdad fue que los servicios secretos británicos consiguieron infiltrarse en la marina alemana y volaron el barco por los aires, frustrando los planes del *Führer*, que habría ordenado personalmente matar al muchacho en un intento por salvar la cara.

Mamá fue detenida poco después de la explosión del *Bremen*; esa fue la primera de las varias veces que estuvo en manos de la Gestapo. La interrogaron como sospechosa de haber colaborado con los servicios secretos británicos en la planificación del ataque, aunque la tuvieron que dejar en libertad porque no pudieron probar nada. Pese a que al investigar sus orígenes para ver si tenía sangre judía, la Gestapo encontró a cambio sus raíces nobles y hasta felicitó a *papa* por haberse casado con alguien de ese linaje, nunca dejaron de vigilarla; aquello, además, debió de ponerlo bajo sospecha a él. Al menos *papa* temía que así fuera.

Mi hermano Joe recuerda una ocasión en que mis padres tuvieron en casa una intensa discusión con un almirante que quería que se sumaran a una red de oposición al régimen nazi que estaba germinando dentro de las propias filas alemanas, a lo que *papa* se negaba intentando explicar los riesgos que representaría tener a alguien casado con una estadounidense en una operación como esa. Aquel militar, según identificó Joe años después viendo una fotografía, era Wilhelm Canaris, quien fuera jefe de la Abwehr, el servicio de inteligencia militar alemán, enfrentado a la acusación de cooperar con los aliados, condenado por alta traición y ejecutado en 1944 en el campo de Flossenbürg.

Aunque no entraran en la red de Canaris, hay indicios de que mamá y *papa* sí desempeñaron tareas de contraespionaje. El 1 de mayo de 1941, por ejemplo, los dos estuvieron en Guatemala, en una fiesta organizada en la embajada alemana en Tegucigalpa; no estaban allí, como el resto de los invitados, para acudir a una celebración, sino con una misión secreta: espiar a los nazis para los estadounidenses.

Mamá sintió la presión de vivir siempre bajo sospecha e intentó huir de Alemania, pero se vio anclada en la Europa de Hitler y aunque quiso escapar no pudo, porque su prioridad fue siempre protegernos a mis tres hermanos y a mí. Trató de que los cinco nos fuéramos a Estados Unidos y mandó una carta al consulado de Suiza con ese objetivo; sin embargo, cuando los suizos se pusieron en contacto con los estadounidenses estos contestaron que ella sí podía volver pero nosotros, los niños, no, porque éramos alemanes. Ella se negó a abandonarnos y su intento de sacarnos de Alemania fue, además, la causa de una nueva detención y otro interrogatorio, esta vez bajo la acusación de haberse comunicado con el consulado para pasar información a Washington.

PERFUME DE CHANEL N.º 5, OLOR A FÓSFORO

Aunque entonces yo era muy pequeña, tengo algunos recuerdos imborrables que siguen hoy conmigo, flashes de lugares, episodios y sensaciones que me aterrorizan o me emocionan, y que mantienen viva mi historia personal y a los seres queridos que ya no están o que están lejos, en unos casos física y en otros casos, peor, emocionalmente. Uno de los más persistentes recuerdos que guardo de mi madre es el olor a Chanel n.º 5, y también la recuerdo haciendo fuego para mantener el calor y derritiendo nieve para que tuviéramos agua. Mi memoria guarda cada rincón del sótano de casa, donde nos refugiábamos cuando había bombardeos, y sobre todo el olor a fósforo. Mamá hacía a mis hermanos dormir vestidos en las literas de nuestra habitación central en la parte superior de la casa para estar preparados y bajar corriendo a ese sótano en cuanto empezaban a sonar las sirenas. Cuando empezaban a caer las bombas, veíamos los resplandores a través de las cortinas negras que cubrían la pequeña ventana. Allí abajo, en esa bodega reforzada al lado de un cuarto que daba al jardín, justo debajo de nuestro balcón, pasamos horas y horas, muchas, interminables.

Joe tenía un casco británico, de esos aplanados, que mamá o *papa* debían de haber encontrado. Para Philip habían ideado un casco diferente: una cacerola que, para que no fuera muy incómoda, rellenaban de calcetines. También con calcetines me hizo una muñeca mamá, que allí abajo me abrazaba todo el rato y me cantaba para calmarme. En aquel lugar oscuro olía intensamente a las bananas que colgaban debajo de la escalera, unas frutas que debían de haber regalado a nuestro padre de alguno de los barcos procedentes de Latinoamérica que los alemanes interceptaban, aunque a menudo lo único que teníamos para alimentarnos, como recuerda con disgusto mi hermana Valerie, eran vegetales podridos y algún trozo de mantequilla rancia.

En aquellos momentos de pánico, el sótano era mucho más que nuestro refugio. Había que permanecer muy callado, sin hacer ningún ruido, y ahí es donde empecé a crecer interiorizando un mantra útil en la vida de cualquiera que se vea en situaciones de peligro: «No hables, no pienses, no respires».

Porque la supervivencia no dependía solo de las bombas que llegaban del cielo. El peligro también estaba a pie de calle, en la sombra de esos soldados alemanes que oíamos pasar con el acero de sus suelas provocando a cada paso un ruido metálico, para mí ya siempre el sonido de la amenaza. Era imperativo que nos mantuviéramos en el silencio más absoluto para que ellos no nos oyeran a nosotros. No se trataba de que no escucharan nuestros gritos o nuestros asustados sollozos, sino de que no descubrieran la radio de onda corta que mamá había escondido tras una pared falsa de ladrillos y que le permitía escuchar cada noche a las nueve la BBC y así saber siempre cuál era la situación real. Tener un aparato como ese era considerado entonces alta traición, y a punto estuvo una vez de ser acusada de ello, pues Joe un día quiso escuchar música y encendió la radio. La emisión llegó a oídos de uno de los soldados alemanes que pasaba por allí, y este entró en nuestra casa. Afortunadamente, a mamá se le ocurrió explicar quién era papá, y argumentó que él necesitaba la radio para conocer el estado de la mar y las previsiones del tiempo antes de sus viajes. Debió de ser convincente, porque en esa ocasión no la arrestaron. Tampoco le quitaron la radio.

Sin duda mamá era una mujer valiente y decidida, y fue la influencia dominante en una familia que ella supo mantener unida. Cuando conseguía alguno de sus escasos permisos, *papa* venía a casa tres o cuatro días para luego volver a marcharse, y todo quedaba siempre en manos de Alice, desde cómo pagar el alquiler hasta cómo asegurar que tuviéramos algo que llevarnos a la boca. Ella fue quien salvó la casa cuando en 1941 casi la destruye un incendio tras un bombardeo. Fue, también, quien durante la guerra ayudó a franceses y británicos, aunque esa ayuda la llevara en más de una ocasión a ser detenida, interrogada y maltratada.

Mi hermano Joe recuerda cómo, el día que a los cinco años él fue a su primera clase de violín, pasó por una zona cerca de casa donde los nazis mantenían a prisioneros franceses, que eran quienes recogían nuestra basura. Cuando volvió y se lo contó a mamá, ella le dijo que la próxima vez que pasara por delante de ellos les dijera: «*Je suis américain. Vive la liberté*». Luego mamá empezó a dejarles comida y cosas que ellos le pedían en la puerta de casa, aunque demandaban desde cámaras hasta radios y no siempre podía conseguirles todo lo que necesitaban.

Era sin lugar a dudas una mujer fuerte, una auténtica luchadora comprometida en cuerpo y alma en una batalla en la que solo había una opción de victoria: sobrevivir, costara lo que costara. Un día, por ejemplo, durante los bombardeos, un desplazado polaco entró terriblemente borracho en nuestra casa. En su intoxicada visión debió pensar que mamá, sin un hombre alrededor que le protegiera, era vulnerable, una víctima fácil, e intentó violarla. Se abalanzó sobre ella y empezó a agredirla, pero Alice, tras un forcejeo, fue capaz de quitárselo de encima. Había ganado algo de tiempo y fue rápida en aprovecharse de la visible embriaguez de su atacante para tentarle con darle algo más de beber. Aquel hombre, que evidentemente se habría metido cualquier cosa entre pecho y espalda, aceptó, sin saber que la botella que ponían en sus manos estaba llena de un líquido para abrillantar el suelo. Murió en nuestro sótano. Alice entonces lo cogió por los pies, lo arrastró por la rampa del garaje y lo depositó cerca de la casa, en el cráter que había dejado una bomba, que estaba lleno de nieve. Cuando años después hablamos sobre aquel terrorífico incidente lo único que me dijo sobre lo que ocurrió fue:

—Lo merecía.

Durante la guerra, prácticamente sola, tuvo que adoptar las decisiones más difíciles para una madre. En 1944, en un momento en que los rusos avanzaban hacia la ciudad, unos oficiales alemanes llegaron a casa para exigirle que Joe fuera enviado a una escuela en Meissen. Con todos los soldados que estaban muriendo en la contienda, Hitler sabía que el futuro de Alemania pasaba por sus jóvenes y necesitaba formarlos y disciplinarlos. No había opción de negarse a entregar a su hijo a esa causa de futuro porque hacerlo conllevaría, como le dejaron claro con amenazas, quedarse sin cartilla de racionamiento, algo que no le permitiría mantener a sus otros tres hijos. Sin alternativa ni escapatoria, y con la urgencia de un plazo inapelable de veinticuatro horas, Alice tuvo que dejar ir al mayor de sus hijos, que aún hoy recuerda vivamente el día en que ella lo llevó hasta el tren.

Como la buena actriz que era, mamá despidió a Joe diciéndole que se iba a una aventura emocionante en la que haría nuevos amigos y le prometió que su vida iba a ser mucho mejor. Construyó una elaborada narración de un mundo feliz y se la contaba a mi hermano sin perder ni por un instante la sonrisa, salpicando la conversación de frases llenas de excitación y admiración, diciéndole todo el tiempo cuánto le gustaría ir con él, lo bien que lo iba a pasar... Su único empeño era intentar hacer sentir cómodo a JoJo, aunque por dentro debía de estar aterrorizada pensando que quizá no volvería a ver a su primogénito nunca más.

Después de aquello, mamá envió a Philip a vivir con una profesora de piano que escondía a judíos y dejó a Valerie con los Tantzen, nuestros vecinos. Estos eran una familia cuyo padre era dentista de las SS y también fotógrafo, un retratista que había llenado los escaparates de Bremen con imágenes de mamá y de sus cuatro hijos, emblemas de la familia alemana ideal.

Tras esa dispersión forzada para la supervivencia nos quedamos solas ella y yo. A veces teníamos que salir de casa y, como yo era aún muy pequeña y no podía correr tan rápido como mamá, la recuerdo dejándome en una trinchera y lanzándose sobre mí para cubrirme y así protegerme. Esa trinchera era la misma que, más adelante, se llenaría de soldados británicos que paraban el combate para tomar el té y de soldados escoceses que de vez en cuando tocaban sus gaitas. Era increíble escuchar aquellos sonidos entre los bombardeos, y a mí esa mezcla me descolocaba y me hacía imposible discernir en qué mundo estaba.

En el barrio había también un búnker en el que refugiarse cuando las fuerzas aliadas bombardeaban, pero ir allí no era una buena experiencia. Los vecinos alemanes no querían a mamá, no les gustaba, y lo habían dejado claro en muchas ocasiones. Yo siempre he creído que envidiaban su belleza, aunque lo cierto es que ella era extranjera y representaba, prácticamente, al enemigo. No tenía una bandera nazi que colgar el 20 de abril, día del cumpleaños de Hitler, y en alguna ocasión la denunciaron por ello a la Gestapo.

Muchas veces más la habrían señalado si hubieran sabido todo lo que hizo durante aquellos años de lucha, barbarie y también resistencia, un historial de pequeñas hazañas individuales que, gracias a los recuerdos y a algunas cartas de agradecimiento que le llegaron después de que acabara la guerra, podemos mantener vivas. En una ocasión, por ejemplo, salvó a un piloto que había sido derribado al que encontró entre los escombros; lo mandó a casa a esconderse en nuestro sótano y luego le prestó un uniforme de *papa* para que pudiera huir. También apagó bombas incendiarias, daba de comer a escondidas a los presos del campo de trabajos forzados vecino, dejó escuchar la radio a algunos que luego gracias a ello pudieron organizarse mejor en la resistencia...

LOS NIÑOS ALEMANES NO LLORAN

Durante la contienda mamá fue detenida en diversas ocasiones, bien fuera por denuncias de los vecinos o bien porque los soldados nazis la descubrían en alguna de sus acciones colaboracionistas. Por suerte, nunca conocieron sus *traiciones* más graves sino algunas menores y, aunque no se libró de sufrir malos tratos y torturas, acababa saliendo libre por ser esposa de un alemán.

Sin embargo, cuando yo tenía cinco años la detuvieron una vez más, y en esa ocasión, para mi desgracia, las cosas fueron diferentes. Me quedé sola y me puse muy enferma, con fiebre tifoidea, así que me llevaron a Drangstedt, cerca de Bremerhaven, a unas instalaciones controladas por las SS que servían como hospital infantil. Aquel fue mi primer encierro y fue el más doloroso. Nunca en toda mi vida he sufrido un dolor de corazón como el que allí sentí.

En Drangstedt había un conjunto de construcciones y barracones situados en medio de un denso bosque de pinos, rodeado por vallas de alambradas, con una piscina en cuyo fondo había una gran esvástica. Era un sitio gélido y muy oscuro, imagino que oculto, y se oían constantemente ladridos de perros y disparos. Aunque había una especie de dormitorio común donde dormían niños y niñas, hijos como yo de matrimonios mixtos de alemanes y extranjeros, estaba sola en una habitación, la número 29. Mi cama tenía barrotes y había también barras en las ventanas. Yo fui allí mi peor enemigo, porque estaba tan confundida y sentía tanta nostalgia y añoranza de mi casa y de mi madre que no dejaba de llorar, y cada vez que lo hacía aquellas enfermeras me golpeaban y me gritaban:

—¡Los niños alemanes no lloran!

Llegaban entonces las inyecciones, terribles, con una aguja gordísima; la alimentación forzosa; el aceite de ricino; los golpes y las palizas... Lo peor de todo, no obstante, eran los baños de agua helada. Me metían en una bañera de agua gélida y ponían mis manos debajo del grifo, dejando ese líquido helado correr y correr, y entonces creía que iba a morir porque empezaba poco a poco a no sentir el cuerpo, a no sentir nada. Aún hoy esos baños me provocan pesadillas.

Esa vida de lágrimas, añoranza, dolor de corazón y sufrimiento fue mi rutina hasta que un día nos sacaron a todos de allí. Me metieron junto con otros niños en la parte trasera de un camión y solo recuerdo que tenía una manta gris que picaba mucho, aunque no era suficiente para el frío, así que todos nos abrazamos para intentar darnos calor.

El infierno en la Tierra

Estaba tan enferma que no sé exactamente cómo pasó, pero en ese traslado acabaron metiéndome en el campo de Bergen-Belsen. Allí todo apestaba, todo el mundo parecía muerto, nadie sonreía, nadie hablaba y todo lo que quedaba era llorar. Llorar hasta que ni siquiera hacerlo aliviaba el miedo, la angustia y la desazón. Llorar hasta que no quedaban lágrimas, hasta que incluso el cuerpo se rendía ante la sinrazón que estábamos sufriendo.

En los barracones en los que yo estaba, los mismos en los que falleció Anna Frank según descubrí luego, había desde niños pequeños hasta adolescentes, y todos pasábamos mucho frío, así que, como en aquel camión que me había llevado hasta allí, solo nos quedaba abrazarnos entre nosotros, algunos ya medio muertos. Masticábamos pan negro y de vez en cuando había sopa de guisantes y algún vegetal, y tenías suerte el día en que te tocaba una patata. Eso era todo lo que ingeríamos.

Yo entonces no lo sabía pero mi madre estaba allí, en ese mismo campo, aunque en otra zona. Siempre fue muy difícil que contara vivencias de la guerra, aunque en escritos suyos que he ido encontrando a lo largo de los años y en conversaciones con ella descubrí que Josef Kramer, el comandante del campo, que luego sería conocido como *La bestia de Belsen* y que también había pasado por Auschwitz, había diseñado un refinado sistema de tortura psicológica, mientras que el maltrato físico se lo propinaba sobre todo una mujer que constantemente la llamaba «cerda americana».

«Las enfermeras se regocijaban especialmente cuando abusaban de mí y me maltrataban», escribió mamá en una de las páginas de escritos y memorias que he guardado, junto a poemas suyos y otras narraciones. «Una, Schwester Elfrieda, odiaba a todos los estadounidenses y a mí en particular [...]. Cada madrugada, a las cuatro, me quitaba las sábanas y vaciaba una cubeta de agua fría sobre mi cuerpo febril. Entonces, levantándome por el pelo, me abofeteaba la cara y pellizcaba mis pechos hasta que caía entumecida en sus brazos.»

Fue Joe quien encontró a mamá en el campo, moribunda. Él había regresado solo a casa desde la escuela de Meissen justo después de presenciar el bombardeo de Dresde del 14 de febrero de 1945, un episodio de la guerra que, con su prodigiosa memoria, mi hermano rememora como «la visión más extraordinaria, el ocaso de los dioses: ciento ochenta grados de cielo ardiendo, llamaradas que subían kilómetros en el cielo lanzando cuerpos, el aire succionado de una tierra donde la gente moría abrasada por la infernal temperatura...». Tras aquello, JoJo pensó que su vuelta sería una fiesta, con toda la familia que no había visto en meses unida, y cada vez podía contener menos la felicidad conforme iba reconociendo el lugar: primero el barrio de Schwachhausen, luego nuestra calle, donde había jugado toda la vida, y finalmente aquel edificio en el número 31, nuestra casa, con su abedul, el jardín con un columpio y un pequeño parque de arena. Joe imaginó que mamá saldría corriendo a recibirle, y tras ella Philip, Valerie, yo... Tomó aire en una gran inspiración y en el porche, en frente de la puerta principal desde la que podía ver una manta mexicana que colgaba de la pared, tocó el timbre. No hubo respuesta. Esperó y llamó de nuevo. Silencio otra vez. Debió de llamar diez veces o más hasta que, con horror, se dio cuenta: no había nadie. Mientras pensaba qué hacer, salió de la casa de la izquierda la señora Tantzen, que lo recibió con un entusiasmado «¡JoJo!» e inicialmente no contestó a sus preguntas acerca de dónde estábamos todos. Joe durmió con aquellos vecinos que habían estado cuidando de Valerie y al insistir en preguntar sobre el paradero de mamá en el desayuno le contaron que había sido internada en Bergen-Belsen. Mi hermano era un muchacho de solo diez años pero, como él mismo dice, para esa edad «ya había aprendido a lidiar con las cosas y, en vez de llorar, sabía lo que tenía que hacer».

Al día siguiente, con catorce marcos en el bolsillo, cogió un tren y tras cuarenta y cinco minutos de viaje llegó a una zona boscosa donde le pareció ver unas vías que empezó a seguir, pensando que llevarían al campo de concentración. Entonces vio a dos mujeres alemanas vestidas con ropas de trabajo negras que salían por un camino que no era la puerta de acceso principal y les preguntó cómo podía entrar evitando también él esa entrada vigilada.

—No puedes —zanjaron.

—Tengo que hacerlo. Mi madre está ahí —replicó.

La expresión de sus caras cambió. Una de ellas le acarició la cabeza mientras decía «pobre chico». La otra preguntó:

—¿Es tu madre judía?

Cuando Joe respondió que no y explicó que Alice era estadounidense, una de las mujeres se volvió hacia la otra y dijo:

—Eso es un poco mejor.

Le contaron que trabajaban en el campo pero usaban un atajo para ahorrarse casi dos kilómetros de camino; asimismo, le indicaron dónde estaba el trozo suelto de la alambrada que podía levantar para colarse, dónde había escondida una madera para cruzar un gran charco y en qué punto del campo se localizaba el dispensario, en el que especularon que estuviese su madre. Le dieron también dos instrucciones:

—Por Dios, no le digas a nadie cómo has entrado y, por Dios, no mires a la izquierda cuando avances hacia allí.

Joe se puso en marcha pero no pudo evitar saltarse desde el primer momento una de las indicaciones y miró a la izquierda. Lo que vio, y puede rememorarlo aún hoy, fueron «unas extrañas montañas, como colinas de unos tres metros». Pronto también se dio cuenta de que aquello no eran montículos de tierra, sino las más siniestras de las formaciones, masivas torres en las que se apilaban esqueletos, brazos, piernas, cráneos…

Las dejó atrás y cuando llegó a las tres escaleras que daban entrada al dispensario una enfermera le preguntó quién era y qué hacía allí, a lo que replicó que buscaba a su madre, Alice June Lorenz, una ciudadana estadounidense.

—La americana —dijo entonces la mujer, que lo llevó hasta mamá atravesando habitaciones llenas de gente tirada en el suelo.

Alice estaba tumbada sobre una especie de camastro, le habían rapado el pelo y estaba casi en coma. Joe se inclinó sobre su frágil cuerpo y cuando ella lo notó a su lado abrió los ojos y pudo decir:

—JoJo, estás aquí, ¿de dónde vienes?

Él le contó que había llegado de Meissen y le preguntó por su pelo rapado.

—Un hombre que hay aquí me quiere hacer sentir mal, pero no te preocupes, volverá a crecer.

Mi hermano preguntó entonces por Philip, por Valerie, por mí… Mamá respondió simplemente:

—Espero que nos veamos todos pronto.

La enfermera instó a mi hermano a marcharse porque mamá estaba demasiado débil y, sobre todo, porque esa mujer debía de tener aún algo de corazón y sabía que era muy arriesgado para ese mocoso seguir allí. Nadie entraba en el campo si no era contra su voluntad y para quedarse. Ese peligro tomó la forma de un coronel con uniforme, botas altas de cuero y un abrigo blanco que, como bien aventuraba la enfermera, empezó a preguntar quién era ese niño, qué hacía allí… Dirigiéndose directamente a Joe, le interrogó acerca de nuestros padres, quiso saber si formaba parte de las juventudes nazis y otros detalles acerca de su vida, y a sus diez años mi hermano supo dar todas las respuestas adecuadas, contándole cosas como que *papa* había roto tres veces el bloqueo británico para llegar a Groenlandia.

Si algo salvó a Joe, no obstante, fue su inteligencia para contestar al militar cuando este le preguntó qué había observado en el campo que le hubiera impresionado. Al oír la pregunta la enfermera se había puesto a llorar, y mi hermano supo que si hablaba de la montaña de cuerpos no saldría de allí, así que tuvo la ocurrencia de inventar que había visto sangre en un charco. El oficial entonces le habló de un perro atropellado para justificar la presencia de la sangre; se creyó o hizo como se creía la inocencia de mi hermano y lo dejó marchar, firmándole un documento con el que los guardias de la puerta le permitieron salir y marcharse libre.

Tres o cuatro días más tarde, Joe recibió una llamada de un doctor del campo diciéndole que regresara para recoger a mamá. Su frágil estado había empeorado aún más y hasta llegaron a darla por muerta y a sacarla del barracón para dejarla con otros cadáveres, pero una vez que el cuerpo estuvo ahí fuera alguien se dio cuenta de que seguía viva. Lo que mamá luego le contó a Joe de ese momento es que tuvo una experiencia mística en la que se vio fuera de su cuerpo y caminando hacia una luz, que aunque le atraía se negó a seguir porque sabía que tenía que regresar para cuidar de sus cuatro hijos. Con esa fuerza de voluntad para seguir viva latiendo en ella, y por razones que nunca nos hemos podido explicar completamente, los responsables de Bergen-Belsen la dejaron salir y Joe fue al campo de concentración con el señor Tantzen, el fotógrafo y dentista de los nazis que durante toda la guerra había escondido su coche en nuestro garaje. Recogieron a mamá y aquella parte de la pesadilla terminó.

Poco a poco, de vuelta en nuestra casa en Bremen y con los cuidados de Joe, Alice fue recuperándose. Un día apareció por casa el mayor Davis, un militar estadounidense de color. Debían de haberle llegado noticias de la ayuda que mamá había prestado durante la guerra a los aliados, porque sabía quién era y dónde vivía, y fue a buscarla para ofrecerle que se convirtiera en su asistente personal en Bremerhaven. Cuando tras la victoria los aliados se repartieron las distintas zonas en que fue dividida Alemania, los británicos se quedaron el control del mar del Norte pero dejaron la ciudad de Bremerhaven como enclave portuario para los estadounidenses, y Davis necesitaba a alguien que hablara inglés y alemán en quien pudiera confiar. Mamá estaba encantada de aceptar, pero se negó a abandonar Bremen hasta que no me localizaran a mí. Por fin, con la ayuda de los militares lo consiguió.

Me encontraron en primavera, después de que los alemanes entregaran un campo consumido por la muerte y las infecciones, y los británicos lo liberaran el 15 de abril. Cuando entraron yo estaba escondida debajo de un camastro de madera, el escondite donde me ocultaba habitualmente por el miedo a que me pegaran; pero mis pies sobresalían y los vio un conductor de ambulancia, que tiró de mí. Cuando me sacó caí de rodillas: estaba llena de piojos, de gusanos, de moratones, pesaba veinte kilos, no podía aguantarme en pie... Estaba casi muerta. Casi. Fui una de los doscientos niños supervivientes.

Tras rescatarme me llevaron a un antiguo hospital de las SS en el campo, donde, como en la piscina de Drangstedt, aún se podía ver una gran esvástica construida con baldosas en el suelo. Yo estaba tan exhausta que ya no podía ni llorar más. Recibí cuidados y me pusieron el vestido de una niña que había muerto a mi lado para que mi madre me viera medio decente cuando viniera a recogerme.

El final de una pesadilla, el inicio de otra

Y no tardó en hacerlo. Mamá llegó al hospital con el mayor Davis. Sentadas juntas en el asiento trasero de ese *jeep* que conducía él, volvimos a casa y al fin estuvimos de nuevo todos juntos: mamá, Joe, Kiki, Valerie y yo. Pronto nos trasladamos a Bremerhaven.

Solo faltaba *papa*. Él, que durante la contienda fue prisionero de guerra en el Reino Unido, había sido liberado ya y regresado a Alemania, pero los estadounidenses no le dejaban vivir con nosotros en la casa que le habían facilitado a mamá. Imagino que tenían dudas sobre alguien

que había sido oficial de la Marina alemana, aunque había
también indicios de que había estado ayudando a persegui-
dos, o por lo menos cabía esa posibilidad, porque cuando
su barco fue torpedeado en 1943 por bombas británicas y
se empezó a procesar a los supervivientes para ingresarlos
en los campamentos de prisioneros se descubrió que había
gente indocumentada, incluyendo una familia con niños,
lo que hacía pensar que alguien en el navío alemán estaba
ayudando a gente a huir de Alemania. Hubiera sido *papa* o
no quien salvó a aquellas personas, no le permitieron vivir en la casa a la que nos habíamos mudado, aunque él de
vez en cuando venía a hurtadillas a vernos. Valerie recuerda
uno de los días en que lo vio allí.

—*¡Papa!* —gritó.

—Shhhh —contestó él—. Nadie puede saber que estoy aquí.

Aunque no tuve una infancia feliz, aquellos momentos
tras la reunificación familiar me dejaron algunos recuerdos agradables. Era tan pequeña y estaba tan traumatizada que no recordaba siquiera a mis hermanos, aunque Joe
y Kiki cuidaron de mí, me protegieron e intentaron darme esa niñez que me había sido robada hasta entonces:
me llevaban a patinar sobre hielo, me enseñaron a mon-
tar en bici, jugaban conmigo… La situación fue tremendamente distinta con mi hermana Valerie, a la que nunca
le gusté, y eso que lo intenté con todas mis fuerzas. Ella
insiste aún a día de hoy en que nuestra relación entonces
fue normal, pero yo creo que para ella era como si yo hubiera aparecido de la nada. Valerie era menuda, limpia, y
entonces llegué yo, herida, diferente, desaliñada. Nunca
me dejó jugar con ella ni con sus amigos y, aunque odio
decirlo, lo cierto es que se portó como una rata.

Pese a los esfuerzos de mis hermanos, me sentía aislada de cualquier modo, no sabía cómo jugar ni cómo reír y acabé uniéndome a un grupo de niños de la calle. Obviamente no habíamos superado la guerra, estábamos aún en modo supervivencia, o al menos yo no podía sacarme de la mente todo lo que había pasado: los bombardeos, la angustia, Drangstedt, Bergen-Belsen… Con mis compinches me dedicaba a hacer tropelías y robábamos comida de los camiones estadounidenses, golosinas y cigarros, buscábamos piezas de carbón, manzanas y cualquier objeto que pudiéramos vender, empeñar o intercambiar. Mis hermanos habían empezado a acudir a la American Dependent School y yo dejaba claro que sería la oveja negra de la familia. Mi madre intentaba inculcarme el estilo de vida americano y yo…, yo intentaba ser solo una niña.

Un día me invitaron a jugar a casa de otra muchacha que vivía en la misma calle que nosotros, Oldenburgerstrasse. Era Patty Coyne, la hija de cuatro años de John J. Coyne, un sargento de Estados Unidos. Mamá me puso un lazo blanco en la cabeza, un vestido rosa y unos zapatos arreglados en vez de las botas que siempre me gustaba llevar. Y fui. Era el 26 de diciembre de 1946, el día después de Navidad.

El sargento nos llevó al sótano para jugar al escondite, apagó las luces y Patty y yo nos escondimos. Primero me encontró a mí y luego a su hija. Volvió a apagar la luz y jugamos a otro juego, en el que hacía como si fuera un gran lobo gruñendo en la oscuridad. Yo estaba escondida pero me encontró y me agarró. Patty seguía escondida. El sargento me dijo entonces que me tumbara en una alfombra y cuando me negué me empujó hasta que caí sobre mi espalda. Entonces se tiró encima de mí. Pesaba mucho y me hacía daño. Yo intentaba levantarme, pero él pesaba tanto que era imposible y además me mantenía tumbada a la fuerza. Intentaba inútilmente quitármelo de encima, alejarlo, y entonces me subió el vestido y puso su mano en mi cuerpo. Le tiré del pelo y le pegué en la cara, lloraba y gritaba que me dejara levantarme y parara pero me cubrió la boca con la mano. Luego intentó meter uno de sus dedos en mi cuerpo. Todo el tiempo estaba refregándose fuerte entre mis piernas y entonces se restregó aún más fuerte y durante mucho tiempo en el sitio por donde yo hacía pipí. Lloré y grité, y volvió a cubrirme la boca con la mano y me apretó el cuello con la otra. Todo el tiempo estaba aullando y gritando como si fuera una bestia furiosa para asustarme, moviéndose arriba y abajo, haciéndome daño.

Yo estaba aterrorizada, desvalida, y creo que incluso me desmayé. Sentí un dolor insoportable y subí arrastrándome por las escaleras. Sangraba y me di cuenta de que tenía un fluido viscoso entre las piernas. No sé cómo encontré el camino hasta la puerta delantera, salí y llegué arrastrándome hasta mi casa.

Allí me vio una de las asistentas que trabajaban para mamá, que se quedó sorprendida de lo sucia que iba y comentó con otra de las empleadas del hogar que le parecía imposible que una niña hubiera manchado la ropa y las braguitas de aquella manera simplemente jugando. Mamá también vio la ropa interior con manchas de sangre tirada en el suelo del baño, pero pensó que me habría hecho algún corte en las piernas y simplemente las dio para lavar.

Cinco días después, el 31 de diciembre, me atreví a contarle a mamá lo que había pasado. Para su horror, Va-

lerie, que entonces tenía diez años, relató que el sargento
Coyne también le había atacado a ella un día antes que a
mí, en una fiesta de Navidad con más niños. También la
había agarrado cuando jugaban al escondite en el sótano y había metido la mano bajo su vestido, frotando sus
partes íntimas. En otro juego también consiguió tirarla
sobre la alfombra y ella había logrado darle un mordisco
en un dedo y un golpe en la espinilla que le ayudaron a
liberarse. Subió entonces al salón, donde la señora Coyne
estaba con dos mujeres y un soldado, recogió un chocola-
te que le habían regalado, su sombrero y su abrigo, y fue a
casa. Mamá la riñó tanto por haber llegado tan sucia que
tuvo miedo de contárselo.

Cuando ese 31 de diciembre mamá supo lo que había
pasado me llevó inmediatamente a un dispensario médico
para un examen vaginal. El doctor McGregor dictaminó
que tenía el himen perforado y diversas lesiones, aunque
como no tenía el equipamiento necesario para determinar si me habían violado sugirió que fuéramos al Hospital 121 para unas pruebas más completas. La experiencia
allí cuatro días más tarde fue horrible, con médicos, dolor... Los doctores hablaban en inglés y alemán, y mi madre estaba absolutamente histérica cuando se confirmó
la violación. Amenazaba con matar al sargento, lloraba y
chillaba, lanzando al aire una pregunta imposible de contestar aunque se le pudiera dar respuesta con un nombre
y un apellido: «¿Quién puede hacer algo así?».

Sé que no pretendía hacerme daño, que la movía el
dolor, pero me gritaba también a mí, preguntándome por
qué no me escapé. Me habría gustado explicarle que, sencillamente, no pude. Él era tan grande... Y yo era una
niña de siete años y medio.

Para recuperarme me enviaron a una isla en el mar del Norte, Norderney, donde debía pasar dos o tres días de retiro con una enfermera. Cuando volví a casa le conté a mi madre que la mujer me había sometido a tocamientos inapropiados. Quizá mamá pensó que aquello había sido solo fruto de mi traumatizada imaginación; quizá no quiso emprender otra batalla contra otro enemigo más cuando nos quedaba aún librar el combate contra Coyne ante un tribunal militar. En cualquier caso, dejó ir a la enfermera.

Vería una vez más a mi violador en el proceso judicial. Me moría de miedo y no podía soportar mirar su rostro, así que empecé a gritar en cuanto lo vi. Mi mente funcionaba como lo que era, la de una niña, y me aterrorizaba pensar que lo iban a dejar libre o que iba a saltar sobre la mesa y me iba a atrapar otra vez, y solo quería que lo ataran. El sargento se declaró culpable, fue condenado y enviado de regreso a Estados Unidos, a una prisión en el norte del estado de Nueva York. Según se supo en el juicio, no solo me había robado a mí la inocencia y había atacado a Valerie: había violado también a Christa, otra niña de diez años hija de una de sus empleadas domésticas y a su propia hija, Patty.

Fue, sin lugar a dudas, una experiencia horrible, pero no creo que haya marcado mi vida más allá de algunas pesadillas. Mis hermanos dicen que en aquellos días pasé de ser una chiquilla alegre, despreocupada y traviesa a convertirme en una niña triste e introvertida, un cambio que se puede observar en las fotografías que por entonces me tomó Kiki. Después de aquello no hablé durante casi un año, no me fiaba de los uniformes, había perdido mi inocencia y apareció el miedo, el pavor a estar en la oscuridad absoluta. No sonreía, no iba con niños, no me fiaba de nada ni de nadie, no tenía confianza. Solo quería encogerme y hacerme una bola.

Después del campo de concentración y de la violación tampoco me quedó paciencia para ir al colegio. Me sentía incapaz de mantenerme sentada en una mesa, de acatar órdenes de gente que hablaba en inglés y a la que casi no podía entender. No quería estar ahí, no comprendía los dos mundos en que se me obligaba a vivir, siendo alemana y estadounidense, sin saber bien en mi pequeña y confusa mente a qué bando pertenecía; igual que en la guerra, donde dentro de casa con mamá éramos estadounidenses y fuera nos conformábamos con lo que se supone que debíamos ser: alemanes. Todo me confundía y solo tenía mi propia disciplina. No pasó mucho tiempo hasta que fui expulsada de la escuela.

Navegando con *papa*

Me daba igual no ir a clase. Lo que de verdad quería era hacerme a la mar con *papa*, estar con él. Era inquieta como el viento y quería ser marinera, no estar anclada en un sitio. Él me había abierto la imaginación contándome historias de lugares remotos, de bellas islas donde las naranjas crecían en los árboles, lugares donde había paz y belleza. Sus relatos me hacían pensar que no todo el mundo era gélido y hostil como lo había experimentado y sufrido hasta entonces. Me llenó la cabeza de sueños y yo soñé.

El primer barco en el que embarqué fue el *Wangerooge*. Lo capitaneaba mi padre. Me encantaba cada milímetro de aquella nave, adoraba sus sonidos y los del mar, el olor del petróleo y del agua, los turbulentos inviernos y las tormentas. Sobre todo amaba estar cerca de *papa*, un hombre que conmigo era dulce, suave y maravilloso, y que representaba la protección que ansiaba después de todo lo que había pasado. Puede sonar exagerado decir que para mí era un dios, pero para aquella niña lo era. A bordo me dejaba hacer lo que quisiera y yo era feliz como una más de su tripulación, pelando patatas, comiendo con los marineros… Aquello fue además mi escuela favorita, una cuya disciplina sí entendía y en la que no me importaba estar, un aula sobre las olas y bajo el cielo abierto con el mejor maestro, un colegio flotante en el que aprendía sobre los vientos, las corrientes y los peces. Y también sobre la vida, porque *papa* me enseñó que cuando tienes el timón en las manos el barco es tuyo, marcas su rumbo, enfrentas las circunstancias y navegas hacia el destino que te hayas marcado; nadie lo dirige sino tú mismo.

Aprendí la lección, aunque quizá no como él hubiera querido. Cuando *papa* no podía por cualquier razón dejarme subir a sus barcos yo me colaba como polizona, y al sentir que había pasado suficiente tiempo de navegación y nos habíamos alejado lo bastante de la costa salía de mi escondite, helada, tiritando, hambrienta y preparada para la sorpresa y la bronca inicial, pero sabiéndome también lista para navegar, consciente de que el capitán ya no daría la vuelta para devolverme a tierra.

NIGGER LOVER

Yo en esos años estaba bajo la custodia de mamá, pues ella y *papa* se habían divorciado en 1946 de mutuo acuerdo. Aunque su matrimonio no fue perfecto, esa separación legal tuvo lugar porque era imprescindible para asegurarse de que a mamá le dejaran llevarse a sus hijos a Estados Unidos. Sin embargo, debo reconocer que en los primeros años de la guerra, cuando *papa* aún venía a casa durante sus breves permisos, a menudo acababa frecuentando a un par de mujeres alemanas; pero no lo hacía para tener aventuras extramatrimoniales, sino porque encontraba en ellas más comprensión o empatía ante la situación del país que en su propia esposa. Años después mis padres volverían a casarse, pero en 1946 su divorcio fue imprescindible por cuestiones legales. Finalmente, en 1950, mi madre obtuvo el permiso para sacarnos de Alemania.

Viajamos en el *Henry Gibbins*, un buque que desde Bremerhaven transportaba personal militar a Estados Unidos. Llegamos a Nueva York por los muelles de Brooklyn el 1 de mayo de 1950. Mamá pensó que alguien de su familia le echaría una mano a nuestra arribada, pero nadie lo hizo. Como tantas otras veces en su vida, se vio forzada a salir adelante valiéndose únicamente de sí misma.

Al principio, por ejemplo, nos acogió un tío suyo que vivía en Cooper Village, un complejo de viviendas erigido en el este de Manhattan que nació dentro de los planes urbanísticos posteriores a la Segunda Guerra Mundial para facilitar una vivienda a los veteranos de la contienda, pero podías sentir que en aquella casa incomodaba nuestra presencia y ya desde entonces quedó claro que sus parientes iban a ayudar lo mínimo. Nos fuimos entonces a Bradenton, cerca de Sarasota, en Florida, a casa de tía Lucy, una prima de mamá, casada con un mayor del Ejército y que luego trabajaría para el Pentágono. Fue allí cuando empecé a odiar Florida, un estado que ha tenido un lugar destacado en mi vida y en el que recalé continuamente a lo largo de las siguientes décadas.

Mis hermanos iban al instituto y mamá me inscribió en una escuela de primaria. Pero no se me daba bien, me sentía muy sola, no tenía amigos, hablaba con acento alemán, los otros niños me odiaban y yo los odiaba a ellos, que a mis ojos eran zafios y pueblerinos. Lo único que me gustaba de Florida eran las sandías. Lo que solía hacer todo el día era llorar mucho, diciendo que quería volver a Alemania y con *papa*. La soñadora y marinera que él había alentado reaparecía constantemente y se asociaba con mi espíritu rebelde. En aquella época, cuando era solo una adolescente, ya intenté escaparme, e incluso planeé robar un barco, que iba a cargar con agua, pan, mangos y naranjas.

Era una jovencita indomable y debí de ser una auténtica pesadilla para mi madre, que finalmente me envió a Nueva York cuando *papa*, que entonces era capitán de otro barco, el *Gripsholm*, vino a Estados Unidos. Viajé sola desde Florida y esperé al capitán Lorenz en el muelle 97 de la Norddeustcher Lloyd. Fui feliz cuando vi a *papa* y él fue feliz cuando me vio. Creo que él también se sentía solo.

En 1951 mamá fue transferida de Florida a Washington DC para trabajar para el Comando de Investigación Criminal del Ejército de Tierra, el CDI, así que nos mudamos a la capital y tras pasar por un par de casas en Monroe Street acabamos en el 1418 de aquella calle, no lejos de la zona salpicada de embajadas y legaciones diplomáticas que se conoce como *Embassy Row*, que recorría en mi bici Schwinn o en los patines que me compró mamá.

Yo era una jovencita de largas trenzas cuando entré en la escuela elemental Bancroft, donde sacaba sobresalientes, sobre todo en historia, y donde sentí que sabía más que los otros niños, quizá por todas las cosas que había experimentado ya para entonces. Luego llegó el paso a una escuela intermedia, en la que presencié y viví en primera persona uno de los capítulos más oscuros de la historia de Estados Unidos: los estallidos de tensión racial que acompañaron a la entonces cada vez más irrefrenable lucha por los derechos civiles y en los que se mostró el enconado racismo de una sociedad donde muchos aún se resistían a reconocer la igualdad y acabar con siglos de opresión.

Yo me llevaba muy bien con los niños negros y no entendía el odio hacia ellos, los que a mí me parecían horribles eran los blancos. Un día fui al colegio y había piquetes, que crucé mientras los blancos me lanzaban gritos de «*nigger lover, nigger lover*», algo así como «amante de *negratas*». Aquel día únicamente yo y Angela, hija de un diplomático de la India, entramos en el aula, donde estaba sola nuestra profesora, Marie Irving, que era negra. Entonces aparecieron en la clase unos adolescentes y empezaron a tirar las mesas, a pegarnos a las tres y a atacarnos. En aquella agresión a mí me rompieron un diente y todo lo que pude coger para defenderme y defendernos fue un poste que aguantaba la bandera estadounidense, que empecé a agitar sin freno y con el que golpeé a los muchachos que nos estaban agrediendo, que bajo mis ataques defensivos se vieron forzados a salir de aquel aula aunque sin dejar de proferir gritos.

Mamá era siempre muy amorosa conmigo, muy comprensiva, dulce; me bañaba en abrazos y me sentaba en su regazo, me llamaba «mi pequeña superviviente» y repetía «siempre te dije que no te abandonaría». Ese día, en cambio, estaba furiosa, insistía en que yo tenía que dejar de pelearme con todos y dijo que no volvería a la escuela. Así que nunca llegué al instituto, aunque más adelante, según recuerda mi hermana Valerie, falsifiqué su título y borrando su nombre y poniendo el mío me «gradué» a mí misma.

Lo que mamá decidió entonces fue empezar a llevarme a su trabajo, en un edificio de la Marina en la calle 14, adonde fui durante varios meses, un tiempo en el que entregaba cartas, hacía recados, comía con ella... Se convirtió en una rutina que me gustaba y me dio también oportunidad de conocer a muchos militares y su forma de pensar.

Era una adolescente satisfecha. Pero entonces a mamá la enviaron a Addis Abeba, en Etiopía, en uno de los muchos viajes, trabajos y misiones realizados para el Pentágono de los que ni entonces ni nunca desvelaba nada, y con su partida mi vida volvió a entrar en terreno movedizo. Mi hermano Joe iba a la escuela diplomática y yo debería haberme quedado a vivir con él, pero escribí a *papa* para que me dejara marcharme a Alemania y accedió. Cuando llegó a Nueva York en el *Lichtenstein*, viajé hasta allí y embarqué con él rumbo a Bremerhaven.

Regreso a Alemania, regreso al mar

En Alemania pasé un tiempo en la casa de *papa* en la calle Leher Tor, en Bremerhaven, haciendo tareas domésticas y matriculada en la escuela Berlitz para aprender algo de español. Sin embargo, lo que yo realmente quería era estar con él y en el mar, así que volví a las andadas y me colé en una de las travesías del *Lichtenstein*. Cuando regresamos a tierra me envió a vivir con el tío Fritz, pero con él era absolutamente infeliz, y el corazón de *papa* se reblandeció y aceptó llevarme con él en sus viajes. Así llegaron las travesías marítimas, en el *Gripsholm* y luego en el *Berlin*, el primero de los barcos de pasajeros que empezaron a recorrer la ruta regular entre Europa y Estados Unidos tras la guerra y que en los inviernos hacía también cruceros por el Caribe y las Indias Occidentales.

Cuando *papa* se convirtió en capitán del *Berlin* embarcarse con él se convirtió en una religión, y no solo para mí. Se sumaban a los cruceros muchos de sus amigos y conocidos, dueños de tiendas en el Upper East Side neoyorquino y emigrantes alemanes que se habían instalado en la costa este de Estados Unidos. Como capitán, *papa* se había ganado la fama de ser un amuleto, y corría entre los marineros la superstición de que cuando él no estaba algo pasaba, un mito que creció cuando, por ejemplo, tres miembros de la tripulación fueron arrastrados por una ola cuando él estaba de permiso. No solo era visto como un buen jefe por el personal de los barcos, sino que también era querido por los pasajeros. Entre los fieles al capitán Lorenz había personalidades muy destacadas, como Luis Fernando, príncipe de Prusia; Willy Brandt, que acabaría siendo canciller de Alemania y Premio Nobel de la Paz; Theodor Heuss, el primer presidente de la República Federal de Alemania tras la guerra, que fue quien me enseñó a jugar al ajedrez, o miembros de la familia Leitz, fundadores de la empresa de cámaras Leica y salvadores de miles de judíos durante la contienda mundial.

En aquellos cruceros íbamos al archipiélago de San Blas en Panamá, a la República Dominicana, a Haití, a Colombia, a Santo Tomás... Cuba, situada más al norte, solía ser la última parada en el viaje de regreso hacia Nueva York, y allí se cargaba azúcar que se exportaba luego a Alemania. Después de varios viajes, La Habana se había convertido en mi destino favorito: la música era maravillosa, la gente era agradable y atractiva, y el arroz con frijoles delicioso. Me encantaban la fruta, el mamey, el coco *glacé* y el Tropicana. *Papa*, eso sí, nunca me dejaba ir a pasear sola.

En el barco siempre me levantaba muy temprano, con el aroma de los bollitos de pan que se cocían cada día. Como yo, había gente que había crecido en los barcos de papá, como dos adolescentes nacidos en Bremerhaven que fueron escogidos por su belleza para abrir las puertas del ascensor del *Berlin*. Los muchachos una vez colaron un cachorro de tigre en el barco, para gran escándalo de la tripulación y de los pasajeros. Se llamaban Siegfried y Roy, y años después se harían famosos en Las Vegas con su espectáculo de magia y entretenimiento con grandes felinos.

Me encantaba siempre anticipar la siguiente isla a la que llegaríamos. Leía todo lo que podía para saber del sitio, para conocer su historia. *Papa*, además, me enseñaba cosas del lugar, me explicaba las particularidades que hacían a cada isla diferente.

—Lo único que tienen en común son las revoluciones —solía decirme—. Las presidencias no duran mucho en esta parte del mundo. Es el estilo de vida típico: matarse unos a otros y tomar el control del país.

2

LA ALEMANITA DE FIDEL

A principios de 1959 eclosionaba una de las revoluciones de las que *papa* me había hablado y tenía al mundo pendiente de ella. Cinco años y medio después del frustrado ataque al cuartel Moncada el 26 de julio de 1953; tras la cárcel, el exilio y la reorganización en México; el retorno a Cuba en 1956 en el *Granma* y la resistencia; la organización y el combate desde la Sierra Maestra, triunfaba la revolución liderada por Fidel Castro, nuevo abanderado de la lucha por la independencia cubana, que tomaba el relevo del héroe nacional, José Martí.

Fulgencio Batista, el dictador que ya había dirigido Cuba entre 1933 y 1944, y que después de un exilio en Florida había regresado el 10 de marzo de 1952 al poder a través de un golpe de Estado con el que instauró un régimen de tiranía, arrestos, torturas y asesinatos, huía en la madrugada del 1 de enero de 1959 en una fuga apresurada, aunque antes se había encargado de sacar de la isla la mayor parte de una fortuna, amasada durante sus años en el poder y estimada entre trescientos y cuatrocientos millones de dólares.

Estados Unidos había tenido aspiraciones colonialistas e imperialistas en Cuba desde principios de siglo xix y había logrado implicarse de lleno en el devenir de la isla desde que en 1898 libró contra España la contienda que en Washington se definió como una «espléndida pequeña guerra». Ahora, la gran potencia no podía resistirse demasiado ni ante el triunfo de la revolución ni ante ese graduado en Derecho transformado inmediatamente en un icono, un emblema y un ejemplo para toda la ola de lucha contra las dictaduras, la injusticia social y la pobreza que recorría Latinoamérica. Aunque a finales de 1958 el director de la CIA, Allen Dulles, había informado al presidente Dwight Eisenhower de que una victoria de Castro podía «no estar entre los intereses de Estados Unidos» y de las industrias y empresas estadounidenses que habían convertido Cuba en una especie de plantación, el mundo se estaba rindiendo ante aquel joven «extraordinario», como hablaba de él *The New York Times*, el diario que como tantos otros se confesaba impresionado ante una victoria lograda «contra todo pronóstico» gracias a una lucha «valiente, tenaz e inteligente». El gobierno de Estados Unidos no podía quedarse solo atrás. Para el 7 de enero, un día antes de que Castro hiciera su triunfal entrada en La Habana, Washington había reconocido al nuevo gobierno de Cuba y nombrado un embajador, aunque el paso diplomático y político no acababa con los nervios, ni del gobierno de Eisenhower ni de los industriales estadounidenses ni de la mafia, que veía zozobrar su imperio en el Caribe.

Aquella pequeña isla situada a apenas 145 kilómetros de las costas de Florida en la que estaban puestos los ojos del mundo era la última parada en un crucero del *Berlin* por las Indias Occidentales que había zarpado el 14 de febrero desde Estados Unidos. Atracamos en el puerto de La Habana en la tarde-noche del viernes 27 de febrero y había excitación entre los pasajeros, pero no se mostraban en absoluto nerviosos y el programa en el barco se mantuvo con total normalidad: *tour* desde el muelle para conocer la vida nocturna de La Habana, que se había ganado la fama de ser la más salvaje en todo el hemisferio oeste, música en el Alligator Bar del *Berlin*, misa matutina el día 28 a las ocho de la mañana… Ese sábado los pasajeros que lo desearan podían hacer excursiones para descubrir La Habana, la joya del Caribe y el paraíso tropical que anhelaban los turistas estadounidenses, pero como de costumbre algunos se quedaron en el barco, igual que la tripulación, que debía preparar el viaje de regreso hacia el norte, que emprenderíamos esa misma noche.

En algún momento en esas horas vimos acercarse al *Berlin* un par de lanchas llenas de hombres armados con rifles, una imagen que inquietó a algunos pasajeros, que señalaban asustados y mostraban en voz alta su temor a que fuéramos abordados. *Papa* estaba haciendo la siesta y decidí ser yo quien tomara el mando. Bajé a una cubierta inferior para estar más cerca del agua y de la escalerilla, y hablar con los ocupantes de aquellas lanchas. Cuando llegaron junto a nuestro barco vi que eran muchos, barbudos y armados, vestidos con ropas militares, aunque mi atención se fijó especialmente en uno de ellos, el más alto de todos. Estaba muy cerca y realmente me gustó lo que vi, me cautivó su rostro.

Saludé con la mano y pregunté:

—¿Qué queréis?

Contestó el hombre alto.

—Quiero subir al barco, mirar.

Yo hablaba algo de español y él algo de inglés, pero en aquel momento inicial nos comunicábamos sobre todo por signos.

Yo soy Cuba

Él fue el primero en subir por la escalerilla, y observé que llevaba un puro en la mano y algunos más en el bolsillo de la camisa, aunque lo que yo quería realmente era ver sus ojos. Nunca olvidaré la primera vez que observé de cerca esa mirada penetrante, ese bello rostro, esa sonrisa picaresca y seductora, y puedo decir que ya en ese instante empecé a flirtear con él. Yo tenía diecinueve años. Él, según sabría después, treinta y dos.

Se presentó en inglés.

—Soy el doctor Castro, Fidel. Soy Cuba. Vengo a visitar su gran barco.

—Bienvenido, estás en Alemania —contesté, intentando convertir el navío en un territorio neutral que no despertara recelos.

—El agua es Cuba, Cuba es mía —replicó.

Los pasajeros estaban obviamente inquietos y atemorizados por las armas que llevaban los *barbudos*, así que decidí intentar que se desprendieran de ellas para calmar al pasaje.

—Quitaos las armas, no os hacen falta aquí —le dije.

No hizo falta discutir más y Castro alineó en la cubierta a todos sus hombres, que dejaron sus fusiles en el suelo apoyados contra una pared, una imagen que inmortalizó el fotógrafo de a bordo, que tomó la primera instantánea de una serie que acabaría registrando las siguientes horas. Aunque los *barbudos* habían dejado las armas, Fidel seguía portando una pistola, y le insté a que también la dejara. Se negó con un simple «no te preocupes». Luego preguntó por el capitán y yo, con un arrojo que aún a día de hoy me sorprende, le contesté:

—Está durmiendo. Yo soy ahora el capitán.

Me ofrecí entonces a enseñarle el barco y fuimos hasta el ascensor, que estaba lleno de gente. Una vez dentro, Fidel tocó mi mano y en ese momento una descarga de electricidad me recorrió entera. Me miró y me preguntó cuál era mi nombre.

—Ilona Marita Lorenz —le dije, con repentina timidez.

—Marita alemanita —replicó. Fue la primera vez de muchas en que me llamaría cariñosamente así, «alemanita». Me apretó la mano y la dejó ir antes de que nadie le viera.

Desde ese primer encuentro me quedó claro que ejercía una gran atracción sobre la gente, sobre todo el mundo. Yo no era una excepción, y decidí no dejarlo ir ni separarme de él. Paseamos muy cerca el uno del otro y le quise mostrar las entrañas del barco, la sala de máquinas, donde el ingeniero se quedó perplejo de verme con ese grupo de cubanos con vestimenta militar. Calentando motores para el viaje de regreso que debía comenzar en unas horas, los pistones se movían en su mecánicamente rítmica coreografía y Fidel hizo un comentario diciendo que le recordaban a unos bailarines de mambo. Fueron de las pocas palabras que pude escucharle porque el ruido era ensordecedor, pero no hacía falta que él me hablara ni a mí decir nada. Había vuelto a poner su mano sobre la mía en una de las barandillas desde las que observábamos la sala, y para mí eso había sido más mágico que cualquier palabra.

Desde allí le llevé a ver la cocina, y fue muy educado con todos los cocineros, vestidos de impoluto blanco. Le mostré también los nuevos refrigeradores de los que *papa* estaba tan orgulloso, pues garantizaban que todos los alimentos cargados en las diversas paradas en el Caribe llegaran en perfecto estado a Alemania; le enseñé las tiendas y las escalinatas... Fidel parecía auténticamente maravillado. Para mí, lo maravilloso era ir con él y que en cada sitio en el que podía me cogiera la mano, provocándome sensaciones que hasta entonces desconocía y que me estaban encantando.

Pasamos luego por la primera planta, que era la de clase turista, y cuando llegamos al área de primera clase le mostré dónde estaba mi camarote. Entonces me dijo:

—Quiero ver.

Abrí la puerta y en ese instante me cogió del brazo y me empujó dentro. Sin más ceremonias, me dio un gran abrazo y me besó. Solo una vez antes alguien me había intentado besar, un chico con el que *papa* quería que contrajera matrimonio, el hijo de una de las familias propietarias de I. G. Farben, el conglomerado del sector químico que facilitó a los nazis el pesticida Zyklon B que se usó en las cámaras de gas para exterminar a millones de personas. Cuando quedé con aquel chico del que ni siquiera recuerdo el nombre en Bremerhaven e intentó besarme, no me gustó y no le dejé que siguiera, así que el de Fidel era mi primer beso de verdad.

Me dejó en estado de *shock* aunque también muy feliz, y ese beso fue el preludio de mi primera experiencia sexual voluntaria. En aquel camarote no llegamos a hacer el amor, pero exploramos cada rincón de nuestros cuerpos, yo sintiendo el suyo, él descubriendo el mío. A mí me preocupaba que en el barco ya había corrido la voz de que Fidel y sus *barbudos* estaban a bordo, y no quería que nadie empezara a hacer preguntas, así que después de un rato de apasionado encuentro le insistí en que debíamos irnos y cuando conseguí desenredar nuestros cuerpos salimos de mi cuarto. Mi pelo estaba totalmente alborotado y no quedaba resto en mi boca de pintalabios. Sé que los *barbudos* sabían perfectamente lo que había pasado, pero no dijeron nada. Fidel y yo tampoco cruzamos palabra. No hacía falta: lo que acababa de suceder entre nosotros era algo que nunca iba a olvidar. Creo que él tampoco.

Entonces nos dirigimos al Alligator Bar, donde cada noche los pasajeros bailaban y disfrutaban con la música, y allí, mientras él bebía Becks, comprobé cuánto le gustaba la cerveza alemana. En ese momento me llamaron por los altavoces y supe que *papa* se había despertado. Él nunca me llamaba Marita, como hacía mamá, sino que siempre se dirigía a mí como Ilona. Sin duda era *papa* quien lanzó el mensaje en alemán:

—Ilona, inmediatamente al puente de mando.

Esa vez sabía que no podía desobedecer, así que emprendí el camino hacia el puente, con Fidel a mi lado y los *barbudos* siguiéndonos, y mientras íbamos acercándonos, él me decía que el puente de mando para un capitán de barco era el equivalente a lo que la Sierra Maestra había sido para él, la montaña, el lugar desde el que organizar y dirigir... Seguíamos caminando y conversando cuando me metió entre dos botes salvavidas. Hizo como si estuviera mirando las vistas pero me abrazó y me besó de nuevo, y yo volví a sentirme en el cielo.

No tuve demasiado tiempo de pensar qué significaba aquello ni qué consecuencias acabaría teniendo porque llegamos al puente y *papa* ya estaba allí, rodeado por otros miembros de la tripulación y con todas sus bandas doradas en el uniforme, como un pequeño Napoleón, así que le presenté al «doctor Fidel Castro Ruz», se saludaron con un fuerte apretón de manos y empezaron a hablar. *Papa* dominaba el español y no pude comprender toda la conversación, aunque sí entender que Fidel contó que había querido ir a conocer su enorme barco tras verlo desde su habitación en el Habana Hilton, el hotel en el que la revolución había instalado su cuartel de mando tras el triunfo y que rebautizarían como el Habana Libre. Bromeó también diciéndole a *papa* que él tenía su propia embarcación, y le habló entonces del *Granma*, aquel barco de dieciocho metros diseñado para doce pasajeros en el que en noviembre de 1956 Fidel y otros ochenta y un revolucionarios realizaron la histórica, agónica y casi fallida travesía desde el puerto de Tuxpan, en México, hasta Alegría de Pío, tras la que llegaría el refugio en Sierra Maestra de un grupo diezmado y prácticamente desarmado, una reorganización que no habría sido posible sin la ayuda de los campesinos, la lucha y, finalmente, la victoria.

Estuvieron charlando y bromeando mientras les servían vino, caviar y champán, intercambiaron recuerdos y pasaron horas conversando mientras yo iba entrando y saliendo. Sé que *papa* se dio cuenta de que cada vez que lo hacía Fidel me miraba, aunque en ese momento no dijo nada. Ellos dos parecían llevarse muy bien y establecieron una buena conexión que rezumaba confianza. Fidel confesó que no era un político y se reconocía abrumado ante los retos y las obligaciones de todas las promesas que había hecho y que ahora tenía que empezar a cumplir. Mencionó el azúcar, el 58 por ciento de cuya producción se vendía en 1958 en el mercado estadounidense, donde también iban a parar dos tercios del resto de exportaciones y de donde provenían tres cuartas partes de las importaciones. Además habló mucho del juego y de la mafia, que quería fuera de la isla, y del turismo, que ya entonces sabía que peligraba. Llegó incluso a pedirle a *papa* que se quedara en la isla o volviese como director de turismo, una oferta que el capitán declinó educadamente. En un momento determinado oí a *papa* decirle:

—Hagas lo que hagas, no enfades al hermano del norte.

—Capitán, Rockefeller es dueño de tres cuartas partes de la isla y eso no es justo —replicó Fidel refiriéndose a la histórica familia estadounidense propietaria de la United Fruit Company, una empresa con plantaciones también en Colombia, Costa Rica, Jamaica, Nicaragua, Panamá, la República Dominicana y Guatemala, país en el que llegó a poseer el 42 por ciento de la tierra.

Papa insistió en recomendarle que tuviera cuidado justamente por lo sucedido en Guatemala. Allí, tras la nacionalización en 1954 por parte del gobierno de Jacobo Arbenz de mucha de la tierra propiedad de la United Fruit Company, y ante los temores no probados de Washington de vínculos guatemaltecos con el comunismo, la CIA ayudó a organizar y acometer un golpe de Estado que instaló una dictadura militar. Escuché a *papa* diciéndole a Fidel: «Hay formas de hacer las cosas y formas de no hacerlas. Estás en una situación muy delicada. Tienes que ser muy cuidadoso».

Siguieron hablando y llegó la hora de la cena, y entonces fuimos al restaurante de primera clase y nos sentamos en la mesa del capitán, a la que empezaron a acercarse muchos turistas que querían autógrafos. Pese a todos los agasajos y las reclamaciones de atención, Fidel tenía tiempo para cogerme todo el rato la mano por debajo de la mesa y mirarme, y llegó a preguntar cortésmente si podía quedarme en la isla y ayudarle en tareas de traducción. *Papa* se negó y explicó que yo debía volver a la escuela. Él y mamá, cansados de mi vida errante y deseosos de que me preparara para echar anclas, me habían inscrito en una academia de contabilidad en Nueva York, la Merchant and Bankers Secretarial School.

El *Berlin* debía zarpar esa misma noche y a Fidel y a mí se nos acababa el tiempo. Yo no quería marcharme, pero llegaba la hora de las despedidas. Le di una caja de cerillas del bar en la que había escrito el número de teléfono del apartamento de Nueva York donde vivía con mi hermano Joe, que estudiaba en la Escuela de Relaciones Internacionales de la Universidad de Columbia. En cuanto cogió los fósforos supe que lo vería otra vez; no sabía cuándo ni cómo, pero estaba convencida de que él también lo deseaba, y los dos nos miramos y nos sonreímos sabiéndolo. No había sentido nada igual antes; me había enamorado, absoluta y perdidamente, y aunque se suele decir que se sienten mariposas en el estómago cuando uno se enamora, para describir lo que yo sentía en esos momentos solo se me ocurre pensar en elefantes.

Acompañé a Fidel hasta la cubierta donde habían dejado las armas y le confesé:

—Voy a echar de menos la bella Cuba y te voy a echar de menos a ti.

—Yo te echaré de menos, pero te pensaré, y te voy a ver de nuevo muy pronto —me contestó.

Cuando se fue me acerqué a *papa* y le dije.

—Me gusta.

—Es muy agradable y muy inteligente —me replicó—. Creo que es buena persona, aunque va a necesitar guía. No es un político, es un revolucionario.

AMAR CADA MINUTO CON ÉL

Subí a lo más alto del barco, desde donde podía observar toda La Habana. La vista era hermosísima, con la espectacular bahía y todas las luces de la ciudad titilando, aunque entonces no pude disfrutarla: conforme las lanchas se iban alejando y haciéndose más y más pequeñas yo me iba poniendo más y más triste.

Esa noche emprendimos el viaje de regreso y cuando llegamos a Nueva York *papa* siguió rumbo a Alemania mientras yo volvía al apartamento sola con Joe, pues mamá estaba entonces destinada con los militares en Heidelberg. Se suponía que debía ir a las clases de la academia y seguir formándome, pero me dediqué a leer todo lo que encontré sobre Fidel, incluyendo artículos que había escrito Herbert Matthews, un reportero de *The New York Times* que le había entrevistado en Sierra Maestra. Mi cabeza seguía en ese camarote, entre aquellos dos botes salvavidas, en esos ojos y ese cuerpo. En aquel hombre.

Pronto comprobé que no era la única que había quedado cautivada en nuestro encuentro. Joe acudía esos días a un seminario sobre Latinoamérica organizado por el profesor de Columbia Frank Tannenbaum al que acudió Raúl Roa Kourí, hijo del flamante ministro de Asuntos Exteriores de Fidel y que acababa de ser nombrado embajador ante las Naciones Unidas. *Raulito* Roa habló a los estudiantes de la reforma agraria que iba a emprender

Fidel en Cuba, lo que llevó al grupo a repasar lo ocurrido en Guatemala, y cuando al acabar la clase el embajador pidió hablar con mi hermano no fue precisamente para seguir conversando sobre política sino para darle lo que dijo que era «un mensaje personal de Fidel».

—Tu hermana es siempre bienvenida en Cuba como invitada del Estado —le dijo—. Cuidaremos de ella lo mejor posible.

Roa no bromeaba, y supe que había dejado al Comandante prendado cuando solo tres días después de que hubiera regresado a Nueva York en el *Berlin* sonó el teléfono en el apartamento de mi hermano mientras yo estaba preparando una gelatina. Al descolgar oí primero una voz de la operadora internacional informándome de una llamada desde Cuba. El plato se me cayó y se rompió en mil pedazos. Entonces escuché a Fidel.

—¿Es la Alemanita?

—¡Sí, sí, sí! —contesté gritando y sin poder contener la excitación—. ¡Has llamado, no te olvidaste!

—Soy un hombre de honor —contestó con esa voz que me derretía por dentro.

Me preguntó entonces si me gustaría ir a Cuba y sin pensarlo dos veces contesté excitadísima con un «¡sí, sí, sí!» en el que no entraba ninguna otra consideración más que la idea de volver a estar con él.

—Mañana te mando un avión —me dijo.

Me invadió el entusiasmo e inmediatamente me puse a preparar una maleta y una bolsa. Sabía que no podía pedir permiso a Joe porque si hablaba con él, y aunque intentara razonar, no me dejaría ir a Cuba, así que decidí no decirle nada y al día siguiente, simplemente, cogí una chincheta y la dejé clavada sobre La Habana en un mapa que había colgado en la pared. Era el 4 de marzo de 1959 cuando me marché de casa con los tres cubanos que habían venido a recogerme: había un capitán cuyo nombre no recuerdo y estaban también Pedro Pérez Fonte y Jesús Yáñez Pelletier, a quien se conocía como «el hombre que salvó a Fidel» porque en 1953, cuando era supervisor militar de la prisión de Boniato, en Santiago de Cuba, había denunciado un intento de envenenar a aquel abogado encarcelado tras el asalto al cuartel Moncada.

Los cuatro fuimos a Idlewild, el aeropuerto neoyorquino que hoy es el JFK, y allí embarcamos en un avión de Cubana Airlines en el que no había más pasajeros que nosotros y una sola azafata. Me dieron un ejemplar de la revista *Bohemia*, cafecito y flan, y emprendí el viaje que marcaría para siempre mi vida.

Aterrizamos en La Habana, donde había un *jeep* esperándonos, y cuando pregunté adónde íbamos solo me respondieron con dos palabras que en Cuba y para mí, durante los siguientes meses, lo serían todo:

—El Comandante.

Nadie me dijo nada tampoco en el trayecto, pero cuando llegamos al hotel lo reconocí: era el Habana Hilton, donde yo había desayunado un par de veces con *papa* en mis escalas de crucero en la isla. Lo que nunca había pensado en esos viajes anteriores es que acabaría allí, y menos aún con Fidel. Estaba emocionada, iba a verlo, iba a estar con él, y no sentía miedo en absoluto, solo una tremenda sensación de anticipación que intenté poner bajo control para comportarme como una señorita.

Mi corazón palpitaba tan fuerte que podía haberme hecho volar. Tomamos el ascensor para subir hasta la planta 24. Allí recorrimos un pasillo lleno de *barbudos* sentados en el suelo, con los mismos uniformes con que debían haber bajado de la montaña y con los que les vi en el barco, con sus rifles... Todos se mostraron cordiales y educados conmigo mientras pasaba y así llegamos hasta la habitación 2408, la *suite* que ocupaba Fidel y que estaba conectada con otras asignadas a Ernesto *Che* Guevara y algunos de sus principales colaboradores, como su hermano Raúl o Camilo Cienfuegos. Yáñez Pelletier abrió la puerta, entramos y me dijo:

—Quédate aquí hasta que Fidel llegue, estará aquí pronto.

Abrió la cortina y la puerta del balcón y me dejó allí, sola, descubriendo una habitación de la que lo primero que recuerdo es el olor de los puros. Inmediatamente salí al balcón y me maravillé con las vistas, sobre todo del puerto de La Habana, donde esta vez no estaba el *Berlin*, una ausencia que me provocó cierto sentimiento de culpa y de soledad. Me quedé un poco triste, pensando en *papa*, que no sabía que su pequeña había vuelto a desobedecer y se había embarcado otra vez en una aventura, esta vez sin él.

En cualquier caso no había marcha atrás, porque ya había dado pasos que no se podían desandar y lo único que me quedaba era esperar a Fidel, así que ocupé el tiempo curioseando en la habitación. Vi, por ejemplo, una bazuca que sobresalía un poco por debajo de la cama y con la que luego siempre me tropezaría, armas en el fondo del armario, uniformes en bolsas plásticas del servicio de lavandería, un par de botas militares y otro par de vestir hechas en Inglaterra... Mirando aquí y allá también vi retratos que la gente había hecho de Fidel, cosas que él se había traído de la montaña, cartas, cajas y un par de sombreros de paja, botellas de cerveza, puros Romeo y Julieta con sus tubos, ropa interior, calzoncillos bóxer… Entré también en el baño para lavarme y vi que había loción para después del afeitado, pero no cuchillas ni navaja. En la cama olí la almohada y observé que en el colchón aún se podía ver la huella del cuerpo de Fidel. Solo más tarde descubriría que él nunca dormía mucho.

Oí entonces unas voces, luego la llave y entró Fidel.

—¡Alemanita! —exclamó—. ¿Ves? Estamos juntos otra vez. Te he echado mucho de menos.

Fuerte, con sus 1,91 de altura y sus cerca de cien kilos, me cogió en brazos y me columpió. Olía a habanos. Nos besamos y nos sentamos en el borde de la cama, cogidos de la mano.

—Me quedaré unos días —dije.

—Sí, sí —me contestó. Me decía «sí, sí» a todo.

Sirvió unos cubalibres e indicó a Celia Sánchez, una de sus colaboradoras más cercanas, que nos dejara solos, diciéndole que no quería que le pasaran llamadas ni deseaba interrupciones de ningún tipo. Nos quedamos solos y empecé a escuchar los sonidos de *Piano mágico*, ese disco entonces nuevo que se convertiría en un clásico y que en esos días era uno de los favoritos de Fidel. Estaba por una parte aterrorizada, pero pronto empecé a sentir el efecto del ron y lo miraba maravillada: el amor estaba ahí, enfrente de mí, podía tocarlo y podía sentirlo como me había pasado por primera vez en mi vida unos días antes en el *Berlin*. No me importaba quién era para el mundo, ni la política, ni la ideología, ni el resto de las cosas que había estado leyendo sin descanso durante tres días en Nueva York. Solo me importaba él. Mi hombre. Fidel.

Empezamos a explorarnos el otro, expresiones de un amor puro y agradable, dulce, nada loco, lleno de caricias y de abrazos. Él mostró miedo de ser demasiado grande para mí, pero yo le dije que no se preocupara, que todo estaba bien. Hicimos el amor y nos adoramos. Él me llamaba constantemente «mi cielo» y yo repetía «me encanta, me encanta». Imagino que no debía decirlo, pero lo dije y lo volví a decir, muchas veces, entregada a la pasión, que afortunadamente no sabe de normas. En aquella cama y en aquel cuarto descubría que Fidel, muy al contrario de la temible versión que algunos estadounidenses empezaban a dar de él, era un hombre dulce y suave, al menos cuando era un amante, y que era todo un romántico cuando estaba de buen humor.

Después de ese primer encuentro sexual pleno nos asomamos juntos al balcón y mientras me abrazaba me dijo:

—Todo lo que ves es mi Cuba. Yo soy Cuba. Tú eres ahora la primera dama de Cuba.

A su lado, en ese instante, me sentí como una reina.

En aquellos primeros momentos juntos me dijo que me quedaría allí con él e intentó hacerme sentir como en casa. Trataba además de calmar los nervios y temores que yo empecé a manifestar sobre cómo reaccionaría mi familia, que aún ni siquiera sabía que yo me había marchado sola a Cuba, y Fidel me tranquilizaba diciendo que él hablaría con *papa*, con quien tan buenas migas había hecho pese a que su encuentro solamente había durado unas horas. Lo que Fidel no hizo es explicarme a mí cuando se fue por qué lo hacía y por qué me dejaba sola, un adiós abrupto que fue solo el principio de un patrón que yo llegaría a conocer muy bien. En esa despedida, la primera de muchas, me explicó que Celia me traería cosas que hacer, que podía dedicarme a labores como organizar y clasificar correo, y también me dejó claro que no quería que fuese a ningún sitio sola porque tenía en el hotel todo lo que pudiera necesitar: tienda, restaurante, lavandería, servicio de habitaciones... Así, sin más, se marchó y me quedé allí, sin saber bien qué hacer más allá de darme una ducha, escuchar la radio y seguir curioseando, mirando sus discos, los juguetes hechos en Inglaterra...

La noche siguiente volvió y pensé que esa sería la dinámica: días de trabajo para él y de espera para mí, y noches juntos en las que yo tendría toda su atención. Pero me equivocaba, y pronto él me dejó claro que solo vendría «por pequeños espacios de tiempo». Parte de la explicación de que ni siquiera pasara las noches completas conmigo era que la mayoría de las salidas y exploraciones de la situación en la isla las hacía por la noche para moverse más rápido y evitar a las masas. Comprobé, además, que dormía muy poco, y también que se iba cuando quería y venía también cuando le placía, una dinámica a la que me acostumbré pronto. En cualquier caso, yo amaba cada minuto allí y no me sentía sola; le obedecía y no le reclamaba nada. En esos primeros días era con él sumisa y paciente, y aprendí a estar tranquila y esperar, simplemente esperar.

Algunas noches sí las pasó completas conmigo, pero fueron muy pocas, y era realmente difícil porque todo el mundo lo reclamaba para reuniones, para conversaciones, para viajes, para negociaciones, para discursos... Yo intentaba ser todo lo más comprensiva que podía, aunque confieso que a veces me molestaba la excesiva demanda del resto del mundo. Sobre todo lo que no quería es que estuviese cerca de otras mujeres, porque era patente que Fidel podía tener a quien quisiera, no le faltaban ofrecimientos. A mí me daba miedo la competición, y él me ponía celosa hablando de otras, aunque fuera bromeando.

Estar siempre en el Habana Libre empezó a pasarme factura, y algún día me pudo la impaciencia y di muestras de cansancio con la situación, así que Fidel decidió darme carta blanca para que pudiera ir con Yáñez Pelletier a encargos que su escolta personal tenía que hacer, salidas en las que me podía enfundar el uniforme honorario del Movimiento 26 de Julio que me había dado Fidel y que me permitía no desentonar, como habría hecho si vistiera como una turista más. Fue Yáñez, por ejemplo, quien me llevó la primera vez a casa de unos señores mayores, los Fernández, amigos cercanos de Fidel y sus profesores de inglés, adonde volví varias veces. Allí me dejaban por las tardes, y ese matrimonio y yo hablábamos, tomábamos café, y a veces salía con la mujer a hacer compras o aprendía con ella a cocinar. En otras ocasiones quien me recogía era Pedro Pérez Fonte, cuya mujer estaba embarazada, y nos íbamos a Varadero, a pasar el día en la playa sin hacer nada. Pasaba además tiempo con Celia, organizando correo y libros, recibiendo llamadas de teléfono… Quería sentirme útil, no estar sentada esperando a mi amante, y ella y yo nos reímos juntas, sobre todo cuando leíamos las cartas de actrices y de incontables mujeres que mandaban mensajes declarando su amor o su disposición a entregarse a Fidel. Muchas de las misivas llegaban con fotos, y yo las miraba y lanzaba frases como «gringa fea», muestras de celos que hacían reír a Celia y que demostraban una inseguridad por mi parte que al menos hoy no me cuesta reconocer: no quería que Fidel viera los entregados mensajes de tantas admiradoras.

Su correo estaba también lleno de cartas con peticiones: cientos de personas querían empezar negocios, había mafiosos que pedían favores, muchos le rogaban que tuviera clemencia con algún detenido o sacara a determinadas personas de la cárcel. El volumen de correspondencia era tal que Fidel estaba superado y se hacía imposible que contestara a todo, así que firmaba con una gran F en papeles oficiales en blanco y dejaba que luego Yáñez o Celia rellenaran el contenido.

Los momentos que pasamos juntos Fidel y yo los dedicamos sobre todo a querernos, pero también hablamos de política y, aunque yo no tenía inclinaciones claras o una ideología firme, entendía que había algo realmente equivocado cuando al lado de las mansiones y casas con sirvientes tenían que malvivir guajiros sin prácticamente nada, una situación de miseria que a mí me recordaba a la guerra de mi infancia, con gente derritiendo nieve para poder tener agua o con solo unas raíces podridas y algo de mantequilla rancia para comer. Fidel me hablaba además de las injusticias de las plantaciones, con trabajadores desnudos, ganando unos míseros cincuenta centavos al día, y se entusiasmaba explicando sus ideas sobre la reforma agraria, sobre la confiscación de las tierras mal o ilegalmente cultivadas y sobre una división de la propiedad más justa que no solo rompería el yugo del colonialismo sino que además ayudaría a combatir el desempleo.

Un jugador de golf llamado Dwight Eisenhower

Esa reforma agraria era precisamente una de las medidas políticas planteadas en Cuba que aterrorizaba a Estados Unidos, y ese miedo, así como el pavor de Washington a la expansión del comunismo en Latinoamérica y a la creciente influencia de la Unión Soviética en el hemisferio, planearon sobre el primer viaje que Fidel realizó a Estados Unidos en abril de 1959, en el que le acompañé. Ni se me pasó por la mente dejarlo ir solo, porque estaba intolerablemente enamorada de él y era muy celosa. Además, aquel viaje de once días no suponía solo el primero de Fidel a Estados Unidos desde el triunfo de la revolución, sino también mi primera oportunidad de regresar y ver a mi familia tras mi salida acelerada el mes anterior. No sabía si mamá estaría allí, porque había estado enviándole cartas a un buzón militar sin dirección, y *papa* estaba en Alemania mientras se construía el nuevo *Bremen*, del que iba a ser también capitán, pero al menos podría ver a Joe, que en ese momento estaba en su pequeño mundo rodeado de amigos diplomáticos, luchando por hacerse un hueco e iniciar una carrera en ese campo.

Fidel llegaba a Estados Unidos no a través de una invitación oficial del Gobierno, que ni solicitó ni fue realizada, sino a instancias de la Asociación de Editores de Prensa, aunque durante su estancia en el país hubo un considerable interés gubernamental. De hecho fue recibido al aterrizar en Washington por un alto cargo del Departamento de Estado, Christian Herter, que al día siguiente ya organizó una comida para él. Además, se vio con miembros de los Comités de Asuntos Exteriores tanto del Senado como de la Cámara de Representantes. Iba a tener también la oportunidad de mantener la primera reunión con la Administración de Eisenhower, aunque, para su furia, en Washington no le recibió el Presidente —que se organizó para estar ausente de la capital y, para aumentar la afrenta, se fue a jugar al golf con unos amigos a Georgia—, sino el vicepresidente, Richard Nixon. Aquel gesto, que Fidel interpretó como una flagrante falta de respeto, ya le puso rabioso, y aunque yo, inspirándome en los mensajes que en el *Berlin* le había dado *papa*, le recomendaba que tuviera paciencia, intentaba razonar con él, ayudarle y convencerle de que no lo tomara como una ofensa personal, fue en vano. Se sintió mal recibido, inútil e incomprendido, y mirándose al espejo decía:

—Soy yo, Fidel. ¿Cómo me pueden hacer esto a mí?

Pese a esa furia no declinó la reunión, y el encuentro, al que le acompañó Yáñez Pelletier, tuvo lugar el 19 de abril en el despacho de Nixon en el Senado. De allí Fidel salió molesto y ofendido, remarcando que no le habían ofrecido «ni siquiera un café» y mostrándose absolutamente desencantado con el vicepresidente, que no le había gustado nada, ni como persona ni como político. En cambio, para Nixon inicialmente la impresión no había sido mala, y en un informe que redactó tras el encuentro, según se supo cuando ese documento salió a la luz en 1980, el vicepresidente escribió: «Mi valoración de él (Fidel) como hombre es bastante ambivalente. El hecho del que podemos estar seguros es que tiene esas cualidades indefinibles que le hacen un líder. Sin que importe lo que pensemos de él, va a ser un importante factor en el desarrollo de Cuba y muy posiblemente de los asuntos de Latinoamérica en general. Parece ser sincero; o es increíblemente naif sobre el comunismo o está bajo disciplina comunista —diría que lo primero—. Pero porque tiene el poder de liderar, no nos queda otra opción que intentar orientarle en la dirección adecuada». Poco importó aquel análisis: a partir de ese encuentro tan frustrante para Fidel, su actitud hacia el Gobierno estadounidense cambió radicalmente, y tampoco Nixon mantuvo esas ideas relativamente amables durante mucho tiempo.

De Washington fuimos a Nueva Jersey y luego a Nueva York, donde nos alojamos en el Statler Hilton, que hoy es el hotel Pennsylvania, situado junto a la estación de tren en el corazón de Manhattan. Como había pasado en la capital, los habitantes de la Gran Manzana se volcaron en la llegada de un hombre indudablemente carismático, y a menudo Fidel fue rodeado y jaleado por multitudes, aunque también increpado por algunos probatistas y anticomunistas. De aquellos días en que nunca se quitó sus ropas militares salieron imágenes icónicas, como su visita al estadio de los Yankees o al parque zoológico del Bronx, donde le tomaron una de mis fotografías favoritas, en la que se le ve cruzando intensamente la mirada con un enorme tigre enjaulado, una imagen que para mí reflejaba todo su carácter y era una metáfora perfecta de él mismo, un animal majestuoso y fiero que entendía la tragedia de la privación de libertad, y no solo de la que se perpetra con barrotes de metal.

Además, siguió dando ruedas de prensa, discursos, charlas y entrevistas, ocasiones que aprovechaba para definirse como «simplemente un abogado que cogió las armas para defender la ley». Explicaba sus planes de industrialización para Cuba, desmentía que en la isla se estuvieran produciendo las ejecuciones masivas de las que había empezado a hablar parte de la prensa estadounidense, restaba importancia al retraso en la celebración de elecciones o insistía en desvincularse del comunismo. «Si hay comunistas en mi Gobierno, tienen una influencia nula», dijo un día, remarcando que no lo eran ni su hermano Raúl ni su cuñada Vilma Espín.

A nivel personal, para mí el viaje representó la enésima comprobación de que, fuera donde fuese, hordas de mujeres le rondaban y perseguían, algo que me volvía loca y que él aprovechaba para hacerme rabiar, bromeando, señalando cuántas hembras tenía alrededor y diciendo que todas le querían, ante lo que yo solo tenía una respuesta:

—No te quieren como yo te quiero.

Fidel se marchó de Nueva York el 25 de abril y viajó a Boston, Montreal y Houston antes de irse hacia una cumbre en Argentina, y yo decidí quedarme unos días en Estados Unidos y hacer algunas visitas. Sabía que Joe no me dejaría volver a Cuba sola por segunda vez, así que le dije que quería irme a Florida a ver a una hija de los Drexler, una familia amiga de *papa*. Mi hermano entonces, aunque a regañadientes, me dio permiso, pero en vez de quedarme en Florida embarqué desde allí de regreso a La Habana. Obviamente JoJo no confiaba demasiado en mí esos días, después de que me hubiera ido la primera vez en marzo, así que convenció a un amigo suyo que iba a viajar a México para que fuera a Cuba detrás de mí. Se trataba de El Sayed El-Reedy, un joven diplomático que trabajaba en las Naciones Unidas para la República Árabe Unida, el Estado que resultó de la unión de Egipto y Siria entre 1958 y 1961. Cuando llegó a la isla cogió una habitación en la misma planta 24 del Habana Libre en la que yo me quedaba, y cuando Fidel supo que estaba allí fue hasta el cuarto y aporreó la puerta hasta que El-Reedy abrió, en pijama. Fidel le zarandeó y le preguntó qué diantres quería con «la Alemanita» mientras desde la habitación yo oía los gritos y a El Sayed gritando:

—¡Soy un diplomático!, ¡no puedes hacerme esto!

Sus protestas sirvieron de poco. El-Reedy, que años después acabaría siendo embajador de Egipto ante la ONU, fue sacado de la habitación y, todavía vestido solo con su pijama, embarcado a la fuerza en un avión de vuelta a Estados Unidos.

Y DE REPENTE EMBARAZADA

En esos días a mi regreso de Cuba yo empecé a salir más, vestida con mi uniforme para poder mezclarme mejor entre la gente sin llamar la atención, pero la mayoría del tiempo lo pasaba aún intentando estar bonita y preparada para Fidel, algo que ahora entiendo que puede resultar perturbador pero que creo que es comprensible pensando en lo enamorada que estaba. Cuando estaba en Nueva York, Joe me había comentado que estaba ganando peso, y pronto comprobé que nada tenía que ver con mi alimentación. Cuando en mayo de 1959 comencé a sentir náuseas, sobre todo por las mañanas, y no podía comer nada más que lechuga y beber leche, y vomitaba, Fidel bromeó diciendo que tenía que comer más arroz con frijoles. Sin embargo, más allá de sus bromas me di cuenta de lo que verdaderamente sucedía: estaba embarazada. Cuando se lo dije a Fidel, su primera reacción fue abrir mucho los ojos y quedarse callado. Quedaba claro que le había pillado por sorpresa e inicialmente se mostró muy perdido, pero aceptó la situación, no se opuso de ninguna manera y trató de calmarme.

—Todo va a estar bien —me decía.

Yo estaba feliz, tan feliz, ¡iba a tener un bebé! Inmediatamente quise salir a comprar ropa, a empezar a preparar una habitación para la criatura, y me puse a soñar, sin preocuparme sobre qué pensarían y dirían mis padres, porque, aunque me inquietaba cómo reaccionarían, ¿qué podían hacer? Yo no quería dejar a Fidel, era su hijo también, y además no podía dejarlo: él decía que todos los niños de padres cubanos pertenecen a Cuba.

Un hombre oscuro

En mayo de 1959 fue también cuando durante unos días, y sin explicarme las razones, me trasladaron al hotel Riviera, donde conocería a una persona que sería tan determinante en mi vida como Fidel, aunque por motivos muy distintos. En aquel primer encuentro yo no sabía su nombre, solo vi a un hombre de pelo oscuro y aspecto italiano que vestía con un uniforme militar que pude identificar como de las fuerzas aéreas de Fidel. Sin siquiera presentarse me dijo:

—Sé quién eres, sé que eres la novia de Fidel. Si necesitas ayuda puedo ofrecértela, puedo sacarte de aquí, soy estadounidense.

Rechacé su oferta diciéndole que ni buscaba ayuda ni quería marcharme de la isla, pero me quedé dándole vueltas al encuentro, así que se lo conté a Fidel, que me pidió que le describiera al hombre que se me había acercado y pareció enfadarse cuando escuchó lo que le dije.

—No hables con él y mantente alejada —replicó áspero.

Luego supe que se llamaba Frank Fiorini, y así lo conocí durante mucho tiempo, hasta que en junio de 1972 lo vi en televisión como Frank Sturgis, uno de los cinco arrestados cuando retiraban unos micrófonos mal instalados en las oficinas de campaña del Partido Demócrata en el edificio Watergate, el primer hilo que permitió acabar desenrollando la enrevesada madeja de corrupción e ilegalidades que acabaría forzando a Richard Nixon a dimitir de la presidencia. Pero eso sería tiempo después. En aquel primer encuentro en Cuba en 1959, para mí era Frank Fiorini, y así también lo conocían Fidel y sus hombres, con los que había estado cooperando desde 1957.

Fiorini había hecho de correo entre la guerrilla en las montañas y los operativos entonces clandestinos del Movimiento 26 de Julio en La Habana y Santiago, y había traficado con armas y municiones desde Estados Unidos hasta la Sierra Maestra. Pero no había sido una colaboración desinteresada ni movida por ideología o solidaridad. Era parte de una trama destinada a ganarse la confianza de Fidel y sus hombres, y conseguir así información para Carlos Prío, el expresidente expulsado del poder por el dictador Fulgencio Batista en su golpe de Estado de 1952. Prío había sido progresista en su juventud y fue abandonando sus ideales conforme iba creciendo su fortuna personal, a través de una muy lucrativa colaboración con políticos cubanos corruptos y también de su entente con Lucky Luciano y con la mafia, que no solo manejaban el juego, sino incluso el tráfico de drogas en la isla.

Cuando Prío llegó a la presidencia de Cuba en 1948, se extendió bajo su mando la violencia armada, primero política y luego directamente criminal, que se conoció como el *pistolerismo*. Tras el golpe de Batista, en 1952, se exilió en Estados Unidos, concretamente en Florida, y allí es donde lo había conocido Fiorini.

Como iría descubriendo poco a poco, Fiorini nunca jugaba a una sola banda. Una vez la revolución triunfó, y con la amistad y la confianza de Fidel ganadas, amplió sus alianzas más allá de Prío. Se entrevistó con un agente de la CIA en La Habana y se ofreció voluntariamente para colaborar «al cien por cien dando información», una oferta que no fue despreciada pues, según consta en documentos oficiales, la Agencia Central de Inteligencia envió un cable recomendando «intentar desarrollar a Fiorini», el lenguaje con el que la CIA establecía que iba a utilizarlo como un activo. Empezó a verse con frecuencia en la embajada de Estados Unidos con Erickson Nichols y Robert Van Horn, *attachés* de la fuerza aérea en la legación diplomática, y pudo satisfacer sus demandas de que se colocara «en una buena posición» para conseguir inteligencia cuando Pedro Díaz Lanz, jefe de la fuerza aérea cubana, le nombró jefe de seguridad y espionaje. La CIA y el FBI querían, además, toda la información que Fiorini pudiera proveer sobre los avances y el crecimiento del comunismo en Cuba; sobre la potencial infiltración comunista en las filas del ejército cubano; sobre posibles planes en la isla para colaborar con otros países caribeños y latinoamericanos en sus propias revoluciones, y sobre posibles movimientos internos contra Fidel.

Como si trabajar para Prío y para Washington no fuera suficiente, había, además, otro bando al que prestaba sus servicios el inescrutablemente poliédrico Fiorini, y no creo que fuera casualidad que yo le viese por primera vez en el mismo lugar y momento en que conocí también a Charles *Babe* Baron, una gran figura del crimen organizado en Chicago, asociado a otro personaje clave de la mafia, Sam Giancana. A los ojos de una jovencita sin demasiada experiencia como yo, Baron parecía sencillamente un tipo mayor, un abuelo cordial y también algo lameculos. Sin embargo, era el mánager general del Riviera, un hotel que había abierto en La Habana en diciembre de 1957 y que se había convertido en poco tiempo en el mayor establecimiento de la mafia fuera de Las Vegas. El propietario del Riviera era Meyer Lansky, apodado *Little Man* por su escasa altura, que podía ser bajito pero era también una de las principales figuras de la *Kosher Nostra*, la mafia judía, que mantenía alianzas en la isla con la Cosa Nostra, la mafia italiana.

LA MAFIA EN CUBA

El crimen organizado había empezado a hacer negocios en Cuba tras la abolición de la Ley Seca en Estados Unidos, y en 1933 Lansky selló con Batista un acuerdo para comprar en la isla la melaza que «el sindicato» necesitaba para asentarse como actor imprescindible en el boyante negocio de la producción de alcohol. En aquel apretón de manos en 1933, además, *Little Man* acordó el plan para empezar a establecer y asentar una influyente colonia mafiosa del juego en la isla: a cambio de comisiones, Batista permitiría que los hoteles y casinos de la mafia operaran sin interferencias de la policía. Junto a Santo Trafficante, otra importante figura de la mafia en Estados Unidos y en Cuba, Lansky fue una de las principales claves cuando el imperio del crimen organizado volvió a ampliarse en los años cincuenta al regresar Batista al poder, ahí ya con la meta añadida de convertir Cuba en el núcleo de distribución de heroína en el hemisferio, un objetivo que se marcó en una reunión de una semana que lo más granado de distintas familias mafiosas, incluyendo a Lucky Luciano, mantuvieron en 1946 en el hotel Nacional de La Habana, bajo la apariencia de celebración de un concierto de una estrella en ascenso: Frank Sinatra.

En los primeros momentos tras el triunfo de la revolución, Fidel decretó el cierre de todos los casinos, pero el 19 de febrero, ante la acentuada caída del turismo, per-

mitió que reabrieran, aunque imponiéndoles impuestos
que irían destinados a pagar programas sociales. Además,
muchas cosas empezaron a ser bajo Fidel muy distintas
de lo que habían sido con Batista. Pronto comenzaron los
arrestos de mafiosos en Cuba.

En esos arrestos está una de las razones que me lleva a
creer que mi primer encuentro en el Riviera con Fiorini
no fue mera cuestión de azar. Él había entrado en contacto y conocido personalmente a todos esos pesos pesados
de la mafia y a más, como Joe Rivers, Charlie *The Blade*
Tourine y Jake Lansky, hermano de *Little Man*. Pronto
había empezado a hacerles favores, y eso era también lo
que pretendía obtener de mí Baron, que obviamente sabía que yo era la amante del Comandante. En aquel par
de días en el hotel que gestionaba empezó a acribillarme
con peticiones, pidiéndome que le dijera esto y lo otro a
Fidel, o que le entregara mensajes o cartas, ruegos que
continuaron cuando regresé al Hilton, donde no cesaron
de llegarme los mensajes a través de uno de sus abogados. Me pedían que intercediera por el hermano menor
de Lansky, que había sido el encargado del casino en el
hotel Nacional y encarcelado en el presidio Modelo en
la isla de Los Pinos, la cárcel que fue brutal en tiempos
de Batista y donde Fidel pasó su condena tras el asalto al
cuartel Moncada. Cansada de contestar a esas llamadas
de teléfono, cogí uno de los papeles que Fidel firmaba
en blanco con su gran F y, como hacían Celia y Yáñez, lo
rellené con una orden para sacar de Los Pinos al hermano de Lansky y un par de hombres más.

Con Yáñez Pelletier, y luciendo mi uniforme honorífico, fui a esa isla de playa negra y mangos donde estaba el
presidio, el mismo en que Fidel había escrito *La historia*

me absolverá recuperando el alegato que utilizó cuando fue juzgado y encarcelado por Batista. Cuando entré me horrorizó lo que vi: la gente estaba apiñada como en una lata de sardinas, apestaba y había gritos todo el tiempo, y los reos eran como animales, auténtico ganado. Yáñez fue identificando a los hombres cuyos nombres yo había puesto en el documento y yo me iba acercando y uno a uno les iba diciendo: «Tú, vamos». Ellos me abrazaban y yo me sentí orgullosa, fuerte, importante. No dejé de sentirme así ni siquiera cuando Fidel supo lo que había hecho. Traté de explicarle que mantener a esa gente presa se iba a volver en su contra, que no representaban un peligro para él, que no querían hacerle daño y que quizá más adelante los fuera a necesitar, pero, en cualquier caso, no hicieron falta muchas explicaciones porque Fidel no se enfadó, o al menos no dio muestras de que le importara demasiado. Es más, creo que hasta se rió de que yo hubiera tenido la osadía de poner los nombres en un papel oficial.

Tras aquel episodio volví a ver varias veces a Fiorini. En la segunda ocasión fue en el Habana Libre, un día en que bajaba a la joyería para recoger un anillo que Fidel había ordenado hacer para mí y que habíamos diseñado juntos, con diamantes formando sus iniciales, FC, y una inscripción por dentro. Entonces me topé con Frank, que me instó a ir con él al bar. Allí, y en una servilleta, escribió:

—Puedo ayudarte.

Yáñez estaba sentado detrás de mí en una banqueta y yo le insistí a Fiorini en que no necesitaba su ayuda ni quería nada, y le dije, además, que Fidel me había pedido que me mantuviera alejada de él. Nada de eso impidió que siguiera aproximándose y no solo ofreciéndome una ayuda que yo no reclamaba sino, también, pidiéndome favores, incluyendo que cogiera papeles de la *suite* de Fidel, cualquier documento que pudiera sacar de allí. Metida en mi mundo de mujer enamorada y celosa, le dije que todas las cartas que Fidel recibía eran de admiradoras femeninas. Él insistió. Le pregunté por qué me necesitaba cuando él, con su propio uniforme del Movimiento 26 de Julio y su cargo en la fuerza aérea, podía entrar a muchas reuniones, y se justificó diciendo que yo tenía más acceso y me quedaba en esa habitación con la caja fuerte y los papeles cuando todo el mundo se había marchado. Insistía tanto que solo para que me dejara en paz empecé a coger documentos que Fidel tiraba después de leer o dejaba desparramados por el cuarto, y se los comencé a dar a Fiorini, que estaba encantado, aunque yo le decía que lo que estaba consiguiéndole era material que no había despertado el interés del Comandante. Frank empezó a presionarme también para que hablara a Fidel a favor del «turismo», que era la forma de Fiorini de defender los casinos de sus amigos. Quería que le informara, asimismo, de los viajes y desplazamientos de mi amante. Fue también tan pesado e insistente que, por mero hartazgo, consentí.

Puede parecer extraño pero estaba cansada de él y pensé que dándole esos papeles o algo de información podría deshacerme de él de una vez por todas. Estaba convencida de que no le estaba facilitando nada de valor y siempre me preocupé de que no fuera nada que pudiera hacer daño a Fidel. Pensé, además, que si colaboraba de alguna forma con él quizá eso llegara a oídos de mi madre, a la que escribía de vez en cuando, y que así ella sabría que yo estaba bien.

CONDENADA A NO OLVIDAR

En aquellos días mi embarazo iba avanzando. Tuve que dejar de ponerme el uniforme porque ya no cabía en él y me iba preocupando conforme más grande me hacía. Aunque me decía a mí misma «soy una mujer, puedo hacerlo», alguien, nunca he sabido quién, se iba a interponer en mi camino e iba a dejar en mí un agujero enorme que ha quedado para siempre dolorosamente abierto.

No recuerdo la fecha exacta en que empezó aquella pesadilla, pero sé que era otoño. Fidel se encontraba de viaje, creo que en la provincia de Oriente, y yo estaba en el hotel, donde como de costumbre pedí el desayuno en la habitación. Tomé un vaso de leche y poco después empecé a sentirme adormilada y a perder el conocimiento. Oía voces, tengo vagas imágenes de una sirena y de estar tumbada en una camilla con un gotero, y recuerdo, o quizá quiero recordar, que luego oí un lloro, un chillido como de un cachorro de gato…

Nunca he sabido exactamente lo que pasó. ¿Quién ordenó ese salvaje ataque? ¿Fueron los hombres de Fidel? ¿Fue la CIA? Según algunas versiones, se me practicó un aborto; según otras, se me indujo al parto y se me arrebató a ese bebé. Dicen que la operación, fuera la que fuese, la practicó un doctor apellidado Ferrer, que ni siquiera era ginecólogo sino especialista en el corazón, y dicen también que Fidel ordenó sufusilamiento cuando se enteró de lo que había pasado. Lamentablemente, yo no puedo confirmar nada, y solo sé que desearía haber estado despierta y no drogada, y que habría soportado cualquier dolor, por extremo que fuera, por saber exactamente qué pasó.

No sé tampoco cuánto tiempo transcurrió hasta que me desperté de nuevo en el Habana Hilton, pero no estaba ya en la *suite* que había compartido con Fidel, sino en una habitación más modesta y oscura, tumbada en la cama, con dolores insoportables, mareada y sedienta. Daba igual lo que hubieran hecho: me estaba desangrando, me estaba muriendo, y habría fallecido allí si no hubiera aparecido entonces Camilo Cienfuegos.

—¡Ay, Dios mío, coño! Niñita, ¿qué te pasó? —exclamó cuando me descubrió allí y en aquel estado.

Al instante, me consiguió algo de medicación, llamó a mi hermano Joe —que se puso furioso— y lo organizó todo para que me marchara de allí inmediatamente. Yo sabía que tenía que irme si quería sobrevivir. Necesitaba atención médica, detener la hemorragia y el dolor, y en Cuba no conocía a ningún doctor. Además, tras lo que había pasado ya no confiaba en nadie: quedaban todavía muchos fieles a Batista y yo no sabía quién era quién. Era hora de volver a casa. Por otro lado, si me quedaba allí y fallecía, mi muerte se usaría contra Fidel. Si tenía una certeza era que él no estaba detrás de lo que me había pasado. Fidel nunca habría hecho algo así.

Cienfuegos me ayudó a vestirme, porque era incapaz de hacerlo sola, me acompañó a la calle, donde nos recogió un *jeep*, y me llevó al aeropuerto. Allí embarqué en un vuelo de Cubana de Aviación rumbo a Estados Unidos. Días después, el 28 de octubre de 1959, la avioneta Cessna 310 en la que Camilo viajaba a La Habana desde Camagüey, donde había arrestado a su amigo Huber Matos, acusado de traición por Fidel, se desvaneció con él dentro. Su misteriosa desaparición nunca se ha resuelto. A mí me salvó la vida y todavía hoy lo amo por eso.

En Nueva York fui llevada casi directamente al hospital Roosevelt y mi madre, que estaba de regreso en la ciudad, me llevó a ver a un obstetra y ginecólogo, Anwar Hanania, que me practicó un proceso de dilatación y legrado. En la opinión profesional del doctor no había habido aborto pues no había fragmentos del feto ni señales de un aborto quirúrgico, lo que solo dejaba la posibilidad de un parto forzado en la más enferma de las maneras.

Yo no sé quién hizo lo que hizo ni por qué. De toda la gente que formaba parte del círculo de Fidel no puedo pensar en nadie que hubiera osado ordenar algo como eso. Si fue alguien que quería ser un héroe, ¿de qué lado? Ni siquiera lo sé. Quizá pudo hacerlo alguien como Fiorini, y a veces me he llegado a preguntar si no estaría en aquella sala de operaciones.

Hay quien me difamó diciendo que yo misma quería abortar. No solo no entendían que yo estaba preparada para tener al niño y que quería a ese bebé; lo que no parecían comprender tampoco es que en aquella época interrumpir un embarazo en un estado de gestación tan avanzado como en el que yo estaba era un suicidio casi seguro y que nadie en su sano juicio abortaría a esas alturas. Luego quise morir, pero era demasiado cobarde para pensar en cómo quitarme la vida, y solo me martilleaba con la pregunta de cómo iba a rehacerla. Había perdido un hijo, fuera como fuese, lo había perdido. Había amado al hombre equivocado y empezaba mi condena.

3

UNA MISIÓN IMPOSIBLE: MATAR A CASTRO

Los primeros días de vuelta en Nueva York tras lo vivido y sufrido en Cuba fueron horribles para mí. Lo había perdido todo, ya no tenía a Fidel y pensaba que mi hijo estaba muerto, aunque aquella angustiosa duda sobre qué había sucedido realmente era también lo único que me permitía albergar un resquicio de esperanza, por mínima que esta fuera. Estaba cansada y confundida, y la mayoría del tiempo, como me ocurría en Bergen-Belsen, para lo único que tenía fuerzas era para llorar. No confiaba en nadie y no veía salida; unos decían que mi bebé estaba vivo, otros aseguraban que estaba muerto, otros sugerían que Fidel lo mató, y yo solo quería silencio. Por eso era la única que no hablaba y no decía nada.

Mi querido hermano Joe, que había estado trabajando en las Naciones Unidas y aspiraba a sacarse un doctorado en relaciones internacionales, se había marchado con una beca Fullbright a Argentina. Philip, que se había estado formando en Nueva York bajo la tutoría del reputado maestro chileno Claudio Arrau, ya empezaba a ser para entonces un reconocido concertista de piano y se encontraba frecuentemente de gira; Valerie, que cuando tenía solo dieciséis años había preferido irse a vivir con unos parientes a seguir con la familia, se había casado con Robert C. Paul, un distribuidor de la cerveza Budweisser, y se había mudado a Harrisburg, en Pensilvania. Solo tenía a mamá, que para estar conmigo había regresado de una misión que había estado cumpliendo para el ejército en Heidelberg. Sin embargo, ella y yo discutíamos todo el tiempo. Pese a la adoración que sentíamos la una por la otra, de aquellos primeros días tras mi regreso, mis recuerdos con ella son únicamente discusiones constantes.

Odio, miedo y soledad

Por nuestro apartamento pasaron agentes del FBI que se turnaban para vigilarme e interrogarme sobre el tiempo que había pasado en Cuba, y tenía la sensación de que me miraban con desprecio, como preguntándome sin palabras cómo pude tener una relación íntima con «ese comunista». Su menosprecio dolía, pero era mucho peor para mí sentir que mamá, en cierta forma, pensaba como ellos o, lo que es peor, era como ellos. Revivían en mí las mismas sensaciones de terror y soledad que había padecido de niña en el hospital de Drangstedt, y lo único que quería era dormir, no pensar y no sentir. Escapar. Además, me estaba volviendo loca con los fármacos que me daban, una combinación de drogas que me ponían eufórica y de drogas que me hundían, instalándome en una montaña rusa de emociones que impedía cualquier equilibrio mental. Después de pasar el día durmiendo, me despertaba por las noches descolocada y con la sensación de estar perdiendo miserablemente el tiempo y mi vida, y alcancé el punto de odiar a todo el mundo. Me veía en una situación en que estaba absolutamente rota por dentro y a la vez llena de odio, y quería volver a Cuba y acabar con quien hubiera matado a mi niño o quien me lo hubiese arrebatado.

Pasaron por casa varios agentes, pero los asignados a mi caso fueron los agentes especiales del FBI Frank Lundquist y Frank O'Brien, dos hombres cuya presencia casi constante en el apartamento hizo que llegaran a parecer casi como parte del mobiliario. Su aspecto los delataba sin posibilidad de duda como integrantes de la oficina de Edgard Hoover, siempre con sus trajes y sus corbatas y con el pelo perfectamente arreglado. Con su extrema corrección y educación poco a poco fueron creando conmigo una relación personal y casi paternal, fueron ganándose mi confianza y empezaron a llevarme a su oficina del FBI, la sede central de la agencia federal en Nueva York, en el 221 de la calle 69 este. Yo me estaba convirtiendo en una especie de pequeño robot e intentaba ser buena y obediente, pero tras la máscara de ese trato amable de Frank & Frank, como siempre los llamaba, podía identificar claramente otra intención.

Desde el principio supe que pretendían educarme en su forma de pensar, hacerme un lavado de cerebro y aprovechar mi debilidad emocional en esos días. Empezaron a machacarme incesantemente con discursos sobre los demonios del comunismo y sobre lo importante que era deshacerse de ese sistema para salvar a los estadounidenses. No dejaban de hablarme mal de Fidel y llegaron a decirme sin tapujos que teníamos que hacer algo para que el mundo tuviera una imagen horrible de él. No tenían reparos tampoco en lanzar esos días directamente a la yugular de mis emociones sus intentos de convertirme a la causa contra «el fantasma rojo» que se había convertido en la mayor pesadilla de Estados Unidos y volverme totalmente en contra de Fidel. Me sometieron a tremendas presiones psicológicas con fotos del supuesto bebé abortado y presuntos documentos médicos que aseguraban que la operación me había dejado estéril. Ellos eran también quienes me daban pastillas que supuestamente eran vitaminas, pero estoy convencida, aunque no pueda probarlo, de que eran algo más.

Mamá, que en esa época iba mucho a la oficina del FBI en la calle 69, me presentó también en aquellos días tras mi retorno a Alex Rorke, un hombre que había sido jesuita y provenía de una muy buena familia que tenía relación cercana con los Kennedy. Hijo de un fiscal del distrito de Manhattan y alumno de la Escuela de Servicio Exterior de la Universidad de Georgetown, Rorke había servido en la Segunda Guerra Mundial como especialista de espionaje militar para el ejército estadounidense en Alemania, donde debieron conocerse él, que era también *freelance* para prensa y siempre iba armado con su cámara de fotos, y mamá, que había trabajado en *Stars and Stripes*, una publicación militar. Colaborador del FBI y de la CIA, atractivo, elegante, como recién salido de uno de los despachos de Madison Avenue, Alex se convirtió en una especie de hermano mayor para mí y pasamos mucho tiempo juntos, manteniendo largas conversaciones y visitando las iglesias que él frecuentaba, incluida la catedral de San Patricio. En casa de mamá habían sido cuáqueros y en la de *papa* protestantes, pero yo no había sido educada en ninguna religión y Alex tenía el terreno espiritual virgen en mí para enseñarme los rituales y las oraciones católicas e intentar convertirme.

Rorke y el FBI me fueron obligando a implicarme en distintos grupos que esos días representaban en Estados Unidos los dos lados de la lucha: a favor y en contra de Fidel y de la revolución. A través de ellos empecé a conocer a personajes cubanos que serían clave en las actividades clandestinas organizadas en el exilio contra Fidel, como Manuel Artime, que había fundado el Movimiento de Recuperación Revolucionario y acababa de escapar de Cuba. Conocí también a Rolando Masferrer, *El Tigre*, un hombre alto y fornido, muy macho y muy cubano, que se había ganado el apodo durante la dictadura de Batista por su papel al frente del salvaje ejército privado que aterrorizaba con brutalidad a los civiles que se oponían al régimen. Masferrer era una figura tan conflictiva que hasta el embajador Philip Bonsal lo había colocado como primero en una lista de peligros en una advertencia a la Administración de Eisenhower de las reacciones negativas que conllevaría estar dando asilo en Estados Unidos a cerca de trescientos batistianos que Cuba definía como «criminales de guerra».

Coincidí con Artime, Masferrer y otros de su calaña en reuniones —a las que me llevaba Rorke— de grupos como la Brigada Internacional Anticomunista, donde me usaban como arma de propaganda relatando una versión interesada de mi caso para retratar a Fidel como un monstruo y así ayudar en la recaudación de fondos para financiar sus actividades. Para esas citas alquilaban locales, como auditorios de escuelas, en los que se hacían proyecciones, se ponía música y se daban discursos, intervenciones en las que Artime, ya de por sí estruendoso, se volvía como loco y rozaba el histerismo cuando empezaba proferir gritos e insultos contra Fidel. Recuerdo perfectamente cómo su rostro se desencajaba mientras clamaba enfurecido al hablar de Fidel: «¡Comunista!, ¡comunista!». Se mostraba como un lunático irracional, aunque, al parecer, eso era lo que encantaba a los anticastristas y animaba las donaciones.

«Bienvenida a bordo»

En esas reuniones conocí a Frank Nelson, un oscuro personaje vinculado a la mafia de Ohio, cuya casa, en el 240 de Central Park South, un lujoso apartamento lleno de luces rojas como de burdel chino, era otro de los puntos de encuentro donde se planificaban actividades contra Castro. Nelson era también el encargado de las finanzas de Frank Fiorini, al que me reencontré en ese apartamento por primera vez tras salir de Cuba. El día en que volví a ver a Frank me recibió con un «enhorabuena, bienvenida a bordo», me dijo que sentía lo que me había pasado y me prometió que me compensarían. Y entonces empezó a hablar entusiasta de los planes para derrocar a Fidel, proclamando orgulloso que tenían «un ejército» para llevarlos a cabo.

En paralelo a reuniones con los anticastristas, en esos días yo estaba asistiendo también a encuentros del Movimiento 26 de Julio en Nueva York, donde obtuve mi carnet y llegué a ser nombrada «secretaria de propaganda en el ramal H». Acudí aproximadamente a veinte de esos encuentros de procastristas y prorrevolucionarios, que se celebraban en locales como el hotel Belvedere, en la calle 48, o en el club Casa Cuba, en Columbus Avenue, y también en La Barraca, un restaurante en el *midtown* de

Manhattan que adoraba. Allí se compartían y comentaban las últimas noticias sobre lo que estaba pasando en la isla y en el exilio, y también en la política estadounidense, latinoamericana y mundial. Allí se organizaban, además, campañas de información y propaganda, que se financiaban con las aportaciones de los miembros, que con nuestros setenta y cinco centavos de dólar por semana se suponía que ayudábamos también a recaudar fondos para que Fidel pudiera comprar material militar. Eran reuniones con música y comida fabulosas, y con gente que me gustaba, como Olga Blanca, a la que había conocido en uno de los cruceros en el *Berlin* en el que nos retratamos juntas con mi madre y *papa* en el camarote del capitán. Personalmente, en aquellos encuentros con cubanos que defendían la revolución y a Fidel me sentía mucho más feliz que cuando estaba con figuras como Fiorini, Nelson, Artime o Masferrer, pero mi asistencia era también cuestión de trabajo, y a La Barraca, por ejemplo, fui el 19 de diciembre de 1959 con Yáñez Pelletier en un viaje que él hizo a Nueva York, un encuentro del que, como de todo lo que pasaba en ese grupo, di rendida cuenta a los agentes del FBI, a los que también informé cuando no mucho después Yáñez me llamó y me dijo que pensaba desertar.

Aquellos no fueron días fáciles y tuve que acabar alejándome de unos y otros. En aquellos días nadie se fiaba de nadie y todo el mundo sospechaba de todo el mundo y yo no era una excepción. Me dolió, porque estar con los cubanos era una forma de seguir en contacto con Cuba, una manera de pensar que no tenía la puerta cerrada a volver, y me había jurado que volvería. Olga Blanca, una de las mujeres que frecuentaba en esas reuniones y con la que alguna vez me encontré y hasta me fotografié en el camarote de *papa* cuando él atracó con el *Berlin* en Nueva York, me animaba a regresar diciéndome cosas como «el rey te está esperando». Yo sabía, no obstante, que ese no era el momento. Si lo intentaba, estaba convencida de que los estadounidenses me encerrarían a mí o castigarían a mi madre.

Fue también a finales de 1959, mientras seguía viviendo en el apartamento de mis padres, cuando recibí un telegrama de Cuba diciendo que llamara a un número en la isla. No sabía quién estaba tras la petición ni de qué podía tratar la conversación, pero seguía atormentada por la pérdida de mi hijo y necesitaba hablar con alguien, con quien fuera, con cualquiera que pudiese tener alguna respuesta. Convencida de que el teléfono de casa estaba pinchado, y aprovechando que los agentes que me vigilaban habían salido, me marché de la casa para llamar desde una cabina en la vecina avenida Riverside Drive. Cuando estaba ya en el teléfono, un par de disparos rompieron los cristales. Aterrorizada y con algunos cortes por los vidrios rotos, volví como pude hacia casa y los agentes, que habían regresado, vinieron corriendo hacia mí e inmediatamente empezaron a decir que los responsables habían sido los hombres de Fidel. Nunca he tenido claro que así fuera pero, como en tantas instancias en esos días, tampoco puedo probar lo contrario ni señalar responsables con certeza. ¿Habían sido de verdad los cubanos? ¿Por qué? ¿Era otra de las estratagemas del FBI para volverme en contra de Fidel? Sobraban interrogantes y faltaban respuestas, y lo único que tenía seguro es que había empezado a estar en el centro de alguna diana.

Era obviamente incómoda para alguien, y en esos días de desgarro emocional era también manipulable, pero, sobre todo, para un bando era muy útil y cobraba peso mi valor como un activo en la incipiente cantidad de planes que pretendían acabar con Fidel, tras los que estaban los exiliados anticastristas, los mafiosos que habían visto cerrarse el grifo de sus lucrativos negocios en La Habana y el mismísimo Gobierno de Estados Unidos, a veces por separado y a veces juntos. Poca gente había en sus radares con un acceso tan personal a Fidel como el que yo tenía, y llegar hasta él era parte fundamental en más de una de esas oscuras tramas.

Lo único que quedaba era constatar que, pese a mi dramática salida de la isla, seguía teniendo acceso ilimitado, así que Frank decidió enviarme en diciembre de 1959 a Cuba para comprobar que podía seguir moviéndome con libertad entre el círculo más íntimo de Fidel y llegar hasta él. Organizó una incursión muy breve, una misión solo de comprobación, y volé de ida y vuelta en el mismo día, sin tiempo ni fuerzas para pensar o sentir. Lo único que saqué de aquel viaje fue la confirmación de que mi llave del Habana Libre seguía abriendo la puerta de la habitación 2408. También me llevé de vuelta a Estados Unidos cartas de admiradoras y algunos documentos y mapas, papeles cuyo valor imagino que era mínimo pero que demostraban que había estado en la *suite* de Fidel.

El viaje se organizó rápido y tenía que producirse en diciembre porque pronto iba a empezar una campaña de manipulación de lo que me había ocurrido en Cuba que sabían que no iba a sentar nada bien a mi amante en La Habana. En primer lugar, el 1 de enero de 1960 mis padres escribieron una carta pública dirigida a Fidel en la que le pedían que, si tenía «cualquier sentido de justicia, honor o carácter moral», me recompensara por la pérdida de mi «honor y nombre» y asumiera los costes de mis tratamientos médicos y psicológicos tras la operación en la que perdí a mi hijo, pues desde que volví de Cuba había tenido que pasar varias veces por el hospital Roosevelt en Nueva York porque tenía frecuentes hemorragias. Para rematar la misiva, decidieron hacer su propia versión de una de las emblemáticas frases de Fidel y escribieron «Que la historia le absuelva... si puede», y enviaron copias desde a presidentes, embajadores y dignatarios de Estados Unidos, Alemania y Cuba hasta a varios medios de comunicación, senadores, el FBI y el propio *papa*. Yo me puse furiosa cuando la descubrí, pero debería haber racionado la rabia: la dichosa carta era solo un aperitivo de lo que estaba por llegar.

Poco después, mi querido Alex Rorke iba a ser el cerebro tras otro de los capítulos de la campaña de difamación pergeñada por las autoridades estadounidenses contra Fidel usándome como marioneta, un títere roto física y emocionalmente que no les resultaba difícil manejar a su antojo. Fue Alex quién ideó un artículo que apareció en *Confidential*, un tabloide trimestral especializado en escándalos de celebridades y políticos que había desvelado, por ejemplo, que Bing Crosby maltrataba a su esposa o que el actor Rock Hudson y el músico Liberace eran homosexuales. Según lo describió *Newsweek* en una ocasión, *Confidential* ofrecía «pecado y sexo con un condimento de política de derechas»; su éxito, con varios millones de lectores pese a su descarado amarillismo, era innegable, y como bien dijo Humphrey Bogart una vez, «todo el mundo lo lee, pero dicen que ha sido la cocinera la que lo ha llevado a casa». La historia falsificada de mi aventura en Cuba que iba a publicarse en esas páginas era perfecta para una publicación como esa, y su gran audiencia, terreno perfecto para lograr el objetivo de difamar a Fidel y abonar el odio.

MENTIRAS Y PROPAGANDA

El artículo en cuestión, en el que mi madre se había prestado a colaborar dejando que se escribiera en primera persona con su firma, se titulaba «Fidel violó a mi hija adolescente» y era una burda sarta de mentiras. Según lo que escribieron, Fidel me había llevado engañada a Cuba y me había tenido prisionera, me había violado arrancándome mi virginidad y me había mantenido semisecuestrada y drogada para disponer de mí a su gusto como un juguete sexual. Aquel infame texto decía también que, cuando me quedé embarazada, Fidel se indignó y que su gente empezó a darme drogas para intentar provocarme un aborto. Contaba que un día intenté escapar y que entonces Yáñez Pelletier me propinó una paliza, con patadas en el vientre incluidas, para intentar sin éxito que perdiera el bebé, y explicaba, asimismo, que finalmente el doctor Ferrer, obligado a punta de pistola por Yáñez, realizó un chapucero aborto, según escribieron, «bajo órdenes directas de Fidel Castro», operación tras la cual el médico fue asesinado. Fidel era retratado como un asesino cruel que ejecutaba a gente en plena calle, y en el artículo, además, se le atribuían frases textuales como «en una dictadura la Iglesia tiene que desaparecer», declaraciones que yo nunca le había oído pronunciar y tras las que podía ver claramente la mano de Alex, tan anticomunista y tan católico.

Cuando el artículo se publicó seguí discutiendo mucho con mi madre.

—Esta mierda de propaganda no funciona —protestaba yo.

—*Peaches* —me respondía mamá muy tranquila—, estás enfadada. No es bueno. Te olvidarás de él.

Se equivocaba. ¿Cómo iba a olvidar? Fidel, Cuba, mi criatura y todo lo que me había pasado no salían de mi cabeza ni de mi vida, y absolutamente todo marchaba mal para mí. Tenía el corazón roto, no me quedaba esperanza y sentía que no le importaba a ni una sola persona, que nadie quería hablar de verdad o ayudarme como me habría hecho falta, que era solo un peón en interesadas partidas de ajedrez propagandístico y político. Y aunque tenía a mi madre me sentía sola, así que decidí irme a Alemania, volver a mi roca, refugiarme en *papa*.

En el reencuentro con él lloré mucho, carcomida por la sensación de haberle defraudado o avergonzado, y le prometí que le haría estar orgulloso de mí. Sin embargo, pronto comprobé que él no quería hablar de lo que había pasado.

—Está bien, no te preocupes. Cometiste un error y eso es todo. Tienes que superarlo y crecer —me decía intentando calmarme y evitando profundizar en cualquier conversación.

Papa parecía feliz de que estuviera allí, en su casa de Am Leher Tor 1C en Bremerhaven, y yo quería quedarme, aprender a cocinar y trabajar en el hotel del tío Fritz para aprender restauración, dando pasos hacia una vida normal y tranquila, aunque las hemorragias que me obligaron varias veces a ir al hospital eran un doloroso recordatorio de lo que me había ocurrido.

No tenía ninguna intención de salir de Alemania, pero entonces el maldito artículo de *Confidential* surcó el océano e hizo su aparición en la prensa alemana. Con el desembarco de la publicidad se acabaron mi tranquilidad y mi anonimato, y a cambio empezaron a llegarme malas miradas, comentarios de vecinos y llamadas, en unos casos insultantes, y en otros, incluso amenazantes. Alex Rorke empezó además a escribirme a diario, manteniéndome al corriente de todo lo que estaba pasando, y sus cartas me cautivaron. Me pedía que volviera y en septiembre de 1960 lo hice. Regresé.

En los pantanos

Tras mi retorno desde Alemania a Estados Unidos comenzó mi participación en actividades claramente ilegales. Recuerdo perfectamente el primer viaje que hice entonces a Miami, una operación de tráfico de armas que implicaba un viaje en coche, parte de un convoy que iba a pasar por Georgia y en el que, con los maleteros llenos de armamento, íbamos recogiendo gente en el camino. Mamá ya entonces intuía que me estaba involucrando en algo demasiado turbio incluso para alguien como ella, tan acostumbrada a un mundo de opacidades, y se oponía a que viajara. Pero acabó cediendo y dejándome ir porque Alex, de quien se fiaba completamente, estaba también envuelto en la operación y viajaría en ese convoy, en el que al menos un par de quienes iban con nosotros tomaban drogas para mantenerse despiertos.

Cuando acabó el viaje y llegamos a Miami nos quedamos en una habitación de un edificio de tres o cuatro pisos, uno de esos moteles baratos típicos de Florida de colores rosas, púrpuras o azules, que es donde vivían los *soldados* que ya estaban preparando la invasión de Cuba para derrocar a Fidel. Se trataba de un viejo establecimiento que estaba en una zona cerca de fábricas, y allí había sobre todo jóvenes, vestidos con ropas militares y de camuflaje, pero también soldados de fortuna, mercenarios y gente con obvia formación militar; aunque la mayoría eran cubanos, había cierta mezcla. Recuerdo, por ejemplo, que conocí en ese hotel por lo menos a un par de «luchadores por la libertad» húngaros, muy dedicados, sanguinarios, perversos y bien entrenados, y de más edad que casi todos aquellos hijos de latifundistas cubanos y latinoamericanos, que en su mayoría rondaban los veinte años.

Allí volví a encontrarme con Fiorini y, lo quisiera o no, me vi totalmente envuelta en aquella operación que tenía como objetivo sacar a Fidel del poder y en la que luego supe que Frank era uno de los jefes, en particular de una sección preparada para asesinar. Eso es lo que aseguraba él mismo, y afirmaba que esa operación estaba financiada con dinero de la CIA. Se trataba de la denominada Operación 40, una trama gubernamental clasificada que Eisenhower había aprobado en marzo de 1960 y al frente de la cual estaban el vicepresidente Nixon y Allen Dulles, entonces director de la CIA. La directiva del Consejo de Seguridad Nacional que firmó el presidente, secreta durante años, autorizaba a la agencia a entrenar y equipar a refugiados cubanos como una guerrilla para derrocar al Gobierno de Fidel.

Años más tarde, el propio Fiorini explicó públicamente cómo funcionaba: por un lado, la integraban muchos operativos de la CIA, incluyendo agentes dobles de la inteligencia cubana, cuyo principal trabajo era entrenar a la gente para infiltrarse en un país extranjero, establecer contacto con miembros de movimientos clandestinos, del Gobierno y de las fuerzas armadas del país. Por otro lado, había un segundo grupo, lo que Frank llamaba «la sección de asesinato», de la que confesó formar parte y en la que yo trabajé con él. Era un comando listo para actuar cuando recibiera órdenes y ejecutar a políticos o miembros de las fuerzas armadas; incluso, si fuera necesario, a integrantes del propio grupo sospechosos de ser agentes dobles que trabajasen no para Estados Unidos sino para el país que se pretendiera infiltrar. Fiorini hablaba en plural, de países, pero en esos momentos, según reconocía, solo había una nación en mente, un foco exclusivo: Cuba.

En mis primeros días, yo pasaba la mayor parte del tiempo en aquel motel reconvertido en sede de operaciones, aunque en ocasiones me quedaba también en la casa de un ejecutivo de la compañía de Cobbs Fruit, Irwin Charles Cardin, al que me había presentado Alex Rorke y que tenía una hija de mi edad, Robin. Cardin no era un soldado de fortuna como los que esos días se prodigaban en Florida: él era un hombre acaudalado que quería ser uno de los jefes e implicarse en la organización y en los asuntos financieros no solo de los ataques a Fidel sino, sobre todo, de los planes posteriores para la isla si se conseguía echar abajo el régimen revolucionario y volver a instaurar uno más favorable a los intereses empresariales estadounidenses. Otras veces me iba a los campos de entrenamiento en los Everglades, el humedal del sur de Florida plagado de serpientes y mosquitos con el que convivían esos mercenarios y jovenzuelos que, con el apoyo de exiliados como Artime y del Gobierno estadounidense, planeaban derrocar a Fidel en lo que acabaría convirtiéndose en la invasión frustrada de bahía de Cochinos.

Aprovechábamos los viajes desde Miami para transportar armas. En los entrenamientos en los Everglades había gente como Gerry Patrick Hemming, un combatiente de la CIA que, como Fiorini, también había colaborado con el Movimiento 26 de Julio y con Fidel cuando se enfrentaban al régimen de Batista en Sierra Maestra y que, en sus días en el bando cubano, había volado en misiones contra los aviones estadounidenses que pretendían destruir las plantaciones de caña de azúcar, una de las principales fuentes de ingresos de la isla. Como Frank, Hemming no había tardado mucho en volverse en contra de la revolución cubana poco después de su triunfo, pero creo que en su caso sí lo hizo movido por su ferviente anticomunismo y no por las motivaciones y alianzas más que opacas y variadas que empujaban a Fiorini. Eso explicaría que luego acabara siendo comandante de INTERPEN, las siglas de un grupo bautizado como Fuerza Intercontinental de Penetración, una organización fantasma que daría cobertura al Gobierno estadounidense para esconder y poder negar cualquier vinculación con operaciones organizadas contra Cuba desde Florida y Guatemala. Pero eso llegaría después: cuando yo lo conocí participaba en la Operación 40 como asesor militar.

Hemming era un tipo atractivo y fornido que chapurreaba algo de alemán porque en la Segunda Guerra Mundial estuvo destacado en Alemania como especialista en técnicas de sabotaje, y en los Everglades era uno de los elementos clave en los entrenamientos, en los que se enseñaban tácticas militares y se replicaba el *modus ope-*

randi de un ejército, con instructores, disciplina y lecciones. Altísimo, siempre con sus botas de combate y su gorro australiano, Hemming aleccionaba sobre técnicas de supervivencia, tiro con distintos tipos de armas, como rifles, M-1, automáticas, pistolas y bayonetas, y hasta enseñaba lanzamiento de cuchillos. Le gustaba presumir, además, de que podía hacer volar por los aires lo que quisiera.

En ese ambiente poco a poco fui cambiando sin querer, o al menos sin hacerlo de forma consciente. Seguía encontrándome perdida, cada vez más, y me resultaba imposible saber ya quién era bueno y quién malo. Quizá todos eran buenos y malos, y es que las divisiones cristalinas son imposibles, probablemente nada recomendables y casi seguro erróneas, en un mundo donde la desinformación y las dobles y triples caras forman parte de las reglas del juego. De lo que sí tenía una impresión certera es de que aquello era el más estúpido y no secreto «ejército invisible» nunca inventado, en el que una de cada dos palabras era «invasión», «matar al bastardo» o «matar a Fidel».

Llegó un momento en que sentí que no encajaba allí y le dije a Frank que me marchaba, pero este se opuso y me replicó que no tenía sitio dónde ir, que era muy importante para ellos y que ya había sido entrenada.

—Cada uno de nosotros —explicó— tiene un trabajo que hacer.

OBJETIVO: CAMBIAR LA HISTORIA

En ese universo de trabajos asignados del que hablaba Fiorini yo no sabía cuál me correspondía. Empezó a quedarme claro poco después, cuando a finales de 1960 o principios de 1961 pude hacer un viaje a Nueva York con Alex Rorke para ver a mi madre y a Frank & Frank, O'Brien y Lundquist. Fue en aquella visita a Manhattan cuando, por primera vez, me hablaron de matar a Fidel, aunque la expresión que utilizaron no fue esa sino un atenuado pero no menos letal «sería muy bueno neutralizarlo».

El mensaje era brutal, aunque lo revestían de palabras que intentaban ocultar la dureza y Alex, además, lo enmarañaba todo con su discurso católico. Aquella conversación en la que escuché por primera vez mi misión tuvo lugar en el edificio del FBI de la calle 69, pero no en una oficina sino en un pasillo, porque Rorke tenía miedo de estar siendo grabado. Después, poco a poco, empezó a serme desvelada la logística: utilizaríamos unas píldoras, un método que decían «apropiado para una señorita», y yo solamente tendría que poner el contenido de las pastillas en la comida o la bebida de Fidel y marcharme. Él no iba a sufrir demasiado y, supuestamente, yo tampoco.

Una vez que digerí qué representaba lo que acababa de escuchar me dirigí a Alex:

—Me estás pidiendo que lo mate —le dije.

—A veces Dios trabaja de formas que no podemos entender —replicó—. Esta es su voluntad. Él te absolverá. Lo harás en nombre de Dios y del país.

—¿Por qué debería hacer eso, Alex? —preguntaba aún incrédula.

—Arruinó tu vida —me recordaba.

—No voy a matarle. No puedo quitarle la vida a alguien.

Creía que todo era absurdo, ilógico, loco, increíble y ridículo, y aún lo pienso, pero lo que yo pensara no les importaba, y dejaron en manos de Rorke intentar convencerme, de forma que él y yo mantuvimos una segunda conversación, una tercera, una cuarta… Hasta empezó a mezclar su mensaje de misión divina con algo mucho más terrenal como el dinero, enseñándome el mensaje escrito en los dólares, «*In God we trust*», en Dios confiamos, dándome a entender que si ejecutaba la misión que se me estaba encomendando nunca más tendría que preocuparme por conseguir dinero y mi vida estaría para siempre resuelta, al menos en el terreno económico.

No sé cuántas reuniones hubo, diría que cerca de veinte, con O'Brien y Lundquist, con agentes de la CIA, en oficinas del FBI, en mi casa… Hasta que gradualmente fui aceptándolo. Creo que, en realidad, con todas las *vitaminas* que me seguían dando, habría aceptado cualquier cosa, pero en cualquier caso unas pastillas llenas de veneno que supuestamente provocarían una muerte sin dolor parecían sin lugar a dudas un método más suave que lanzar un disparo o clavar un puñal en ese cuerpo de Fidel que tan bien conocía y que tantos placeres me había dado.

Opciones para atacar a ese hombre al que había querido con locura no faltaban. Los planes secretos de la CIA para acabar con Fidel se habían empezado a poner en marcha ya en 1959 y habían incluido ideas descabelladas, como darle drogas alucinógenas para que perdiera el control y ofreciese una imagen patética que echara por tierra su carismático liderazgo; contaminar con una sustancia parecida al LSD el aire de la emisora de radio desde donde pronunciaba algunos discursos para que perdiera la coherencia; inyectar uno de sus puros con alguna sustancia química que le afectara el razonamiento, y hasta hacer que perdiera su icónica barba poniendo tóxicas sales de talio en sus botas. Lo que se planeaba en mi caso iba mucho más allá: era, directamente, asesinato.

Según me dijeron, las píldoras cuyo contenido debía poner en la comida o la bebida de Fidel habían sido «muy especialmente hechas en Chicago» y me las iba a facilitar un tal Johnny Rosselli. Es probable que hubiera coincidido con él sin saberlo en Cuba, pues Rosselli era mánager del club Sans Souci, otro de los locales emblemáticos de La Habana, y uno de los hombres claves de Sam Giancana, el padrino de la mafia de Chicago, en la isla.

En cualquier caso, a Rosselli lo conocí personalmente y sin lugar a dudas en Miami cuando Frank Fiorini —siempre Frank— me presentó a aquel hombre de buen ver, atractivo, con mirada penetrante y siempre elegante al que llamaban *Mr. Hollywood*. Las presentaciones tuvieron lugar en una reunión en el Fointanebleau, un hotel de Miami, y en ese encuentro quien lo controlaba todo era Robert Maheu, un tipo que había representado en Washington los intereses del millonario Howard Hughes, cuya empresa de aviación había firmado contratos secretos con la CIA y el Departamento de Defensa. Maheu había sido reclutado por la Oficina de Seguridad de la CIA en 1954, tenía buenas relaciones con la mafia y había negociado en otras ocasiones con Rosselli, que tenía algún problema con Hacienda que le llevaba a buscar alianzas interesadas con el poder. Para septiembre de 1960, Maheu organizó un encuentro en el hotel Plaza de Nueva York entre un alto cargo de la oficina de seguridad de la CIA, Jim O'Connell, y Rosselli, donde se empezó a gestar el intento de asesinato. Para entonces, los laboratorios de la CIA ya habían pisado el acelerador y experimentaban con distintas posibilidades para acabar con Fidel, entre las que se incluía el uso de la toxina botulínica, la más letal de las que se conocen.

Unos meses después de aquella primera asamblea decisiva en el Plaza de Nueva York llegó mi encuentro con Maheu y Rosselli en el Fointanebleau de Miami, una reunión en la que también participaron Frank Fiorini, Alex Rorke y un par de hombres que no podría identificar. Recuerdo oírles hablando en voz baja sobre mí, sobre lo que había ocurrido con mi bebé, sobre cómo esa sería mi venganza. Discutían más abiertamente los planes y entre todos ellos, con la carta de presentación de una amante despechada que se podía transformar en la asesina perfecta, me sentí estúpida, importante y asustada a la vez y también acorralada, pensando que no podía decir que no frente a toda esa gente. De todas formas saqué fuerzas en un momento dado y me atreví a decir:

—No sé si podré hacerlo.

—Lo harás por tu país —respondió cortante Frank.

—¿Qué pasa si fallo?

—No fallarás.

Entonces abrió una caja, dentro de la cual había un sobre con las dos pastillas, y sentenció:

—Esto va a cambiar la historia.

«No lo hagas»

Aquella noche volví de nuevo al hotel de la guerrilla e intenté sin mucho éxito dormir, tratando de ignorar que tenía esas dos píldoras de contenido letal pero sin poder evitar sentirme extremadamente culpable. ¿Qué había pasado, cómo era posible que estuviera en esa situación? Dos años antes era apenas una adolescente cuya rebeldía no había llegado mucho más allá de huir de la disciplina, desobedecer a mis padres y colarme de vez en cuando como polizona en los barcos que capitaneaba *papa*; dos años atrás era tan solo una jovencita que se había enamorado perdidamente a primera vista de un barbudo alto, de rostro hermoso, carisma a raudales y mirada intensa, y se había entregado loca y apasionadamente al amor sin pensar en nada más. Ahora todo era distinto. Me había hecho una mujer a golpe de dolor y ya había pagado un alto precio perdiendo a mi hijo. Me movía entre agentes especiales, operativos secretos, exiliados, empresarios, mafiosos y mercenarios, y me habían dado las armas para que me convirtiera en una asesina, en la autora de un magnicidio que no solo me habría marcado a mí de por vida sino a la propia historia.

Tras esa noche angustiosa, Alex y Frank me vinieron a buscar y yo estaba lista, con mi bolsa de la aerolínea Pan Am y un maletín blanco de maquillaje, muerta de miedo pero sin querer mostrarlo. Me llevaron al aeropuerto de Miami y, justo cuando iba a embarcar, Alex se me acercó y, hablando muy bajo, casi sin mover los labios para que Fiorini no pudiera verle ni oírle, me dijo:

—No lo hagas.

«No lo hagas.» Tres palabras que salían de la boca del mismo hombre de quien por primera vez había escuchado la propuesta de «neutralizar» a Fidel. «No lo hagas.» ¿Ruego? ¿Consejo? ¿Advertencia? La frase, en cualquier caso, me dejaba ver que no era la única torturada por la culpa, y pensé que quizá al pobre Alex le atenazaban sus dudas morales, aunque también cabía la posibilidad de que, en ese aeropuerto, hubiera vuelto a enfundarse el traje paternal que tantas veces se había puesto conmigo desde que nos conocimos y estuviese alertándome lo mejor que podía de que no todo era tan sencillo como me lo habían contado y que había planes para deshacerse de mí o cargarme exclusivamente toda la culpa si llegaba a ejecutar la misión. Cambio de parecer o compasión, no importaba en cualquier caso. El «no lo hagas» de Alex no cambiaba nada, porque yo ya había tomado una decisión y sabía que no iba a matar a Fidel: me sentía incapaz.

EL REENCUENTRO

Esa determinación de no asesinar a Fidel no era óbice para que en ese viaje de avión fuera un manojo de nervios. A diferencia de la escapada de ida y vuelta en un mismo día en diciembre del 1959 organizada por Fiorini para comprobar que este momento mucho más trascendental podía llegar, esta vez mi misión no era una prueba y embarqué con sensaciones muy diferentes. Sabía que la carta de mis padres, el artículo de *Confidential* y toda la publicidad de mi caso no solo me habían avergonzado a mí y me habían hecho alejarme del Movimiento 26 de Julio en Nueva York, sino que, sobre todo, no habían sentado nada bien a Fidel. En el vuelo entre Miami y La Habana, además, me entró pánico de que al llegar a Cuba fueran a registrarme y encontrar las pastillas, así que decidí sacarlas del bolsillo del pantalón donde las llevaba y meterlas dentro de un bote de crema facial Ponds.

El temor al registro se demostró poco después infundado, y cuando aterricé no hubo exámenes de mi equipaje ni interrogatorios en el aeropuerto, así que, sin demora, me dirigí a mi primera parada, el hotel Colina. Me cambié de ropa y, ya vestida otra vez con mi uniforme honorífico, desde allí me encaminé al Habana Libre. Era un verdadero manojo de nervios, pero conseguí no mostrarlo, saludé a todo el mundo en el vestíbulo y subí al ascensor; llegué a la planta 24, me encaminé hacia la habitación y en la puerta volví a usar la llave. Abrió, entré y vi que Fidel no estaba allí. Saqué entonces el bote de crema del maletín y al quitarle la tapa observé que las pastillas estaban casi desintegradas, convertidas en una especie de masa pastosa. Estaban destrozadas y de todas formas no tenía intención de usarlas, así que me pareció que lo más seguro sería tirarlas por el bidé. Se resistían a irse por el desagüe y tuve que intentarlo varias veces, pero al final las vi desaparecer y cuando lo comprobé me relajé y respiré. Me sentí, ante todo, libre.

No mucho después, Fidel llegó al cuarto y me puse muy contenta al verle, aunque él parecía distante y tan ocupado como siempre.

—¡Oh, Alemanita! —exclamó cuando me vio.

De mi boca salió un «te extraño mucho», lo primero que se me ocurrió decirle.

—¿Dónde has estado?, ¿con esa gente de Miami, con los contrarrevolucionarios? —preguntó entonces. En realidad, sé que no buscaba una respuesta, y lanzó un largo suspiro en el que yo pude leer un «no me contestes, ya lo sé». Luego se sentó en la cama, se quitó las botas llenas de barro y se tumbó. El cenicero estaba lleno de puros, esos Romeo y Julieta que le hacían especialmente para él con su retrato y la fecha de la liberación en el anillo.

—Tengo que preguntarte qué me pasó aquel día de la operación, qué paso con nuestro hijo, esa es la primera razón por la que estoy aquí —dije entonces.

—¿No para matarme? —respondió.

Como hacía siempre con todo el mundo, Fidel me habló entonces mirándome directamente a los ojos y no me quedó más remedio que decirle la verdad.

—Sí.

Entonces sacó su pistola de la cartuchera, se la puso primero en su regazo y luego me la dio. Yo la empuñé, la miré y le miré a él, que seguía tumbado, había cerrado los ojos y dijo:

—Nadie puede matarme. Nadie. Nunca jamás.

—Yo puedo —rebatí.

—No lo harás —zanjó.

Tenía razón: no iba a hacerlo, no quería hacerle daño y nunca lo había querido, por más que hubiera intentado decirme a mí misma que tenía que odiarle lo suficiente como para matarle. Solté la pistola y, de repente, sentí una gran liberación.

Me puse a llorar. Él lo vio y me dijo que me acercara a la cama. Me arrodillé allí a su lado y, sin poder contener el llanto, en un estado de histerismo, fuera de control, volví a exigirle a gritos respuestas sobre nuestro hijo. Golpeé la cama e incluso le pegué y me abalancé sobre él, que seguía muy calmado y con mucha dulzura intentó apaciguarme.

—Todo está bien, todo está bien.

—No —repliqué insatisfecha—. ¿Qué pasó?

—Lo arreglé todo. El doctor está acabado.

—Pero no sé lo que pasó —protesté.

—Lo sé, lo sé.

—¿Cómo lo sabes?

—Yo sé todo. No hay problema. El niño está bien.

«El niño está bien.» ¡Mi hijo estaba vivo! Quería verlo, abrazarlo, y empecé a intentar convencer a Fidel, pero él se resistió cortándome con un «está en buenas manos» y me contó que estaba bajo el cuidado de los Fernández, aquellos profesores que yo había visitado varias veces. Quise salir corriendo, ir a aquella casa, pero sabía que era imposible porque mi tiempo en la isla era limitado. En Miami esperaban a que regresara con la misión de asesinato cumplida y estaba segura de que había también personal de la CIA vigilando mis pasos en la isla. Fidel, además, me dijo que su hijo era «un hijo de Cuba».

—Este es mío también —respondí.

Empecé entonces a amenazarle con volver con *papa* para recuperarlo y aquello no le gustó nada, pero pese a ese enfado se mostró prácticamente todo el tiempo comprensivo conmigo. Me tumbé a su lado y empezamos a hacernos caricias y carantoñas. Él intentó dormir y quería descansar porque esa noche tenía que pronunciar un discurso que iba a centrar en el racismo y el odio, pero yo tenía preguntas y más preguntas. Como la adolescente enamorada, inconsciente y celosa que era, llegué a preguntarle si me estaba engañando y contestó, jocoso:

—¿Qué quieres que haga, aquí solo? Eso sí, tú sigues siendo mi Alemanita.

Al cabo de un rato se levantó de la cama, fue al baño a lavarse la cara, se puso unas botas limpias, me dijo que se tenía que ir y me dio un gran abrazo. Yo contesté que también tenía que marcharme y Fidel me dijo que no lo hiciera, que me quedara, pero los dos sabíamos que era imposible. Fue una despedida triste. Nadie ganó.

Una vez sola en ese cuarto reflexioné que si había algo a lo que no tenía derecho era a quitarle la vida a alguien por razón alguna, y menos por política, que además a mí me importaba un carajo. Creo que Fidel supo eso perfectamente, como también que enredaron mi mente e intentaron usarme. Me dije a mí misma que quería vivir e intentarlo de nuevo pero, pese a la claridad con que entendí todo aquello en aquel instante, también estaba confundida. Quería a Fidel y ansiaba quedarme, pero tenía que irme. ¿Qué iba a hacer con los seis mil dólares que me habían dado por si necesitaba sobornar a alguien, esconderme o salir huyendo? ¿Debía quedarme y pelear por mi hijo, hablar con Celia o con alguien más del entorno de Fidel para intentar encontrarlo? Pensé que si no regresaba como estaba planeado a Estados Unidos vendrían a por mí. Si volvía, ¿qué iba a decir?, ¿cómo iba a salir de esta? Me empezó a abrumar pensar cómo le iba a explicar a Fiorini que no había llevado a cabo la misión y me recorrió una terrible ola de pavor, una sensación difícil de poner en palabras pero que era como estar en medio de un huracán y sentir que no podía escapar. Mi miedo era regresar.

Con lágrimas en los ojos, dejé esos seis mil dólares con una nota pidiéndole a Fidel que invirtiera el dinero en nuestro hijo, cogí anillos de puro de recuerdo y mi maletín de maquillaje, salí del cuarto y bajé. Después de saludar otra vez a los empleados que estaban tras el mostrador de recepción, observé que junto a la tienda había un hombre con un periódico y me dio la sensación de que era un agente estadounidense, sobre todo cuando me hizo un gesto con la cabeza como saludando al que yo le respondí igual. Probablemente pensó que había matado a Fidel y me marchaba llorando llena de emociones.

Pasé por el hotel Colina para cambiarme de nuevo, fui al aeropuerto y embarqué, como estaba previsto, en el avión que despegaba rumbo a Miami a las seis de la tarde.

Orgullosa de haberles fallado

Aterricé tras un breve vuelo cansada, deprimida y mentalmente exhausta, pero no tuve tiempo de reflexionar o para dedicarme a mí misma. En cuanto se abrió la puerta del avión vi a Fiorini, Rorke y una decena de hombres más, algunos en ropa militar, otros en ropa de civiles, y su ansiedad era evidente; me estaban rodeando y yo tenía miedo incluso de hablar.

—Y bien, ¿cómo ha ido? —oí que me decían.

—No lo he hecho —acerté a decir.

No podían creerlo, empezaron a proferir gritos y exclamaciones, y vi incendiarse los ojos de Frank, que me cogió apretándome del brazo, me llevó hasta una furgoneta y me tiró en la parte de atrás, donde empecé a balbucear excusas.

—Ya había dicho que Fidel no tiene agenda fija, que nunca puedes saber cuándo va a comer o a beber, a ir o a venir… Es impredecible.

Conforme yo iba hablando más subían las voces y la rabia que contenían, y cuando Alex empezó a discutir con Frank y a intentar defenderme, yo me excusé diciendo algo así como que «Dios no lo quería de cualquier forma», un argumento que sacó todavía más de sus casillas al ya tremendamente irritado Frank.

Seguía sintiendo algo de incredulidad por su parte mientras me trasladaban a una casa segura en las afueras de la ciudad, una construcción de cemento y sin ventanas, con un par de literas, donde Frank me dijo que debía esperar. En algún otro lugar debieron conectarse a la radio y escucharon a Fidel dando su discurso. Si lo hubiera envenenado con las dos pastillas aquello no habría sucedido, así que ratificaron que la misión había fracasado.

A partir de entonces tuve que vivir con ese «fracaso» y en realidad no he logrado quitármelo de encima hasta hoy, cuando todavía se dice que soy notoria por haber fallado no solo uno de los primeros intentos de acabar con Fidel, sino uno de los que tuvo más posibilidades de tener éxito. Esa es la visión que se puede tener desde fuera, pero yo estoy orgullosa de mí misma, muy orgullosa, y me alegro de haber conseguido enviar al infierno todo el lavado de cerebro al que me habían sometido; me alegro de no haberme tragado todas las pastillas que querían que tomara antes de ir a La Habana para alterar mi mente, para que enloqueciera o para que empezara una pelea con él, drogas que me hubieran puesto en un estado en el que habría sido fácil encontrar la excusa para haberle matado.

Fidel sabe exactamente lo que pasó aquel día y creo que secretamente debe seguir riéndose. Si yo hubiera sido otra persona, quizá lo habrían logrado, nunca se sabe. Yo simplemente no pude. No era imposible que lo hubiera hecho. Pero no lo hice.

Con Alice y Heinrich Lorenz, mis padres, poco después de mi nacimiento en 1939.

Tras la guerra, mi madre trabajó como asistente personal de un militar estadounidense, el mayor Davis. Fue su primer contacto con las tareas de espionaje que en adelante formarían parte de su vida.

Sonriendo (abajo) junto a mi madre, mi hermana Valerie y mis hermanos Philip y Joachim en un retrato familiar.

La violación de la que fui víctima con poco más de siete años me convirtió en una niña retraída.

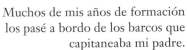

Mi hermana Valerie y yo delante de un local de oficiales del ejército norteamericano en Bremerhaven, Alemania, en 1945.

Muchos de mis años de formación los pasé a bordo de los barcos que capitaneaba mi padre.

El *Berlin*, el primer barco de pasajeros que empezó a recorrer la ruta regular entre Europa y Estados Unidos tras la guerra. Con él llegamos a La Habana, en 1959.

En una playa de arena negra de Cuba, en 1959, poco antes de conocer a Fidel.

En la imagen, de abajo a arriba, mi madre, mi padre, una pasajera y yo en uno de los barcos en los que trabajaba *papa*.

Heinrich Lorenz, *papa*, fotografiado a bordo del *Berlin* con el alcalde de Nueva York, Robert Wagner.

Cuando los barbudos, capitaneados por Fidel, quisieron subir al barco, les dije que podían hacerlo, pero los obligué a dejar las armas.

Después de un paseo por las distintas zonas del *Berlin*, Fidel, *papa* y los demás nos dirigimos al restaurante de primera clase. El resto del pasaje, curioso, se acercaba a Fidel para pedirle autógrafos.

Los barbudos de Fidel se mezclaron con los turistas de primera clase en el restaurante, al lado de la mesa de mi padre.

En 1959 Fidel viajó a Estados Unidos. En la imagen, el Comandante junto al vicepresidente Richard Nixon. (© Topham Picturepoint-Getty Images)

Una de mis fotografías favoritas de Fidel. La tomaron en el zoo del Bronx. Para mí representa una metáfora perfecta de él mismo, un animal majestuoso y fiero que entiende la tragedia de la privación de libertad. (© Korda/Jazz Editions/ CONTACTO)

Durante todo aquel viaje estuve con Fidel.
Me enfundé el uniforme del Movimiento 26 de Julio
para mezclarme con el resto.
Era una mujer enamorada y celosa.

4

PÉREZ JIMÉNEZ, MI SEGUNDO DICTADOR

En la habitación 2408 del hotel Habana Libre había asido firme el timón de un barco muy grande y había logrado mantener el rumbo de la historia, impidiendo que el contenido de dos pastillas cambiara su curso, aunque había pagado un alto precio: dejar atrás a mi hijo. Pensé que podría volver para intentar recuperarlo y que mis padres me ayudarían a presionar de alguna manera, pero el FBI se encargó de dejarme claro que debía abandonar cualquier intento en ese sentido. Mamá y *papa* fueron además poco a poco volviendo a su vida y todo lo que me quedó fue empezar a enviar cartas a Cuba, que no he dejado de enviar en toda mi vida.

Estaba de vuelta en Miami y atrapada, otra vez en aguas donde no podía hacer más que dejarme llevar, consciente de que lo único que habría conseguido intentando enfrentarme a las sucias corrientes habría sido morir ahogada. Toda la gente implicada en la Operación 40 y en la espesa miasma de movimientos con fines similares contra Fidel me odiaba profundamente y me despreciaba, y no tenían problema en dejármelo saber. Al mismo tiempo, no me podían dejar marchar porque estaba demasiado implicada y sabía ya demasiado a esas alturas.

BARCOS, ARMAS Y VUELOS

Intenté abandonar aquel pantano y busqué un trabajo como camarera, pero no pasó más de un día hasta que Frank Fiorini y algunos de sus hombres aparecieron por el establecimiento y supe que no podría resistirme a volver con ellos. Aunque hubiera fracasado en el atentado contra la vida de Fidel, seguía siéndoles útil.

Con los conocimientos que había adquirido al lado de *papa* me había convertido en una de las personas del grupo capacitada para los frecuentes viajes marítimos que se hacían por toda la zona para transportar armas. Aunque a veces me quedaba en el hotel y me dedicaba a limpiar armas o a clasificarlas, uno de mis más importantes activos para el grupo era que sabía leer corrientes y mareas, podía identificar cuándo se acercaban las tormentas y era capaz de navegar. Ningún talento particular se desaprovechaba y en varias ocasiones participé tanto en el robo de barcos como en viajes a lugares como Key West y Marathon Island, donde descargábamos armamento que luego salía hacia destinos como Guatemala o Nicaragua, en los que, como en Nueva Orleans dentro de Estados Unidos, se extendían los tentáculos de las operaciones contra Fidel.

Las travesías marítimas eran mi principal ocupación y, aunque fueran en barcos robados y cargados de armas, para mí representaban la oportunidad de vivir pequeños momentos de felicidad. Menos liberador era otro de los trabajos que desempeñé en aquellos días: el transporte por carretera de armamento que a veces robábamos de armerías militares, misiones en las que un par de veces fui con Fiorini. Así como podía entender que robáramos barcos anclados en los muelles de las mansiones de Miami, escapaba a mi comprensión por qué, si el Gobierno apoyaba lo que estábamos haciendo en Florida, teníamos que robar al ejército. Pero había pasado con el grupo el suficiente tiempo como para aprender que allí era mejor no hacer preguntas, aunque mi sospecha siempre fue que parte de esos botines de armas se intercambiaban por drogas.

Mi tarea en esos robos era simple: al llegar a la armería, una instalación militar donde guardaban excedentes de armamento, tenía que quedarme en el coche vigilando mientras Frank y sus hombres robaban, o debía engatusar a la policía si nos paraban cuando ya íbamos cargados. Una vez tuve que despistar a los guardias que vigilaban, me bajé del coche y pretendí que se había averiado el vehículo. Era una forma de entablar conversación que me daba pie a empezar a flirtear un poco. Entonces Frank y el resto entraban en la armería mientras los vigías estaban ocupados conmigo y se llevaban lo que habíamos ido a buscar.

Hubo una ocasión, además, en la que viajé con Frank en una de las avionetas que partían de Florida para lanzar sobre Cuba pasquines, folios llenos de propaganda en los que se alentaba a los cubanos a levantarse contra Fidel. Alex Rorke había ido también con Frank en otro de esos vuelos, uno desde el que se lanzaron sobre la isla 250.000 hojas llenas de literatura anticastrista, y fue interrogado al respecto por el FBI, un interrogatorio que le sorprendía porque la oficina de la CIA en Miami era consciente de las acciones de Fiorini, que este atribuía a órdenes directas de la agencia en Washington. De hecho, Alex aseguraba que si él y Frank eran detenidos alguna vez por un cuerpo de la ley que desconociera sus actividades solo tenían que dar un número de teléfono a los agentes, el del contacto de la oficina de la CIA en Miami, donde se aclararía su función. Por si acaso, además, Alex se guardaba en la manga el as de sus buenos contactos en la prensa, que había desarrollado por su trabajo de periodista y fotógrafo *freelance*, y había pactado con Frank un plan para poner en apuros a las agencias oficiales que intentaran desvincularse de ellos si eran detenidos. Yo, en cambio, simplemente me dejaba llevar, y cuando volé con Fiorini lo único que hice fue aprovechar para escribir en un puñado de los panfletos mis propios mensajes. Garabateé frases como «Te quiero, Fidel» o «¡Viva Cuba LIBRE!» y los firmé como «la Alemanita». Fue una chiquillada, lo sé, pero aún hoy me hace sonreír.

Mujer en un mundo de hombres

Podía tener arranques de inmadurez, y sin embargo me iba haciendo también más fuerte y segura, aunque solo fuera por una cuestión de supervivencia. Yo era la única mujer en aquel mundo dominado por hombres y, aunque nunca fui víctima de ninguna agresión sexual cuando estuve en Florida, decidí marcar una línea que funcionara como freno a cualquier potencial embestida de testosterona. Un día, cuando estábamos en los Everglades, donde la humedad y los mosquitos hacían que la sensación de asfixia y la incomodidad fueran casi insoportables, algunos de los muchachos empezaron a hacer bromas sobre mí. Yo me sentía atrapada, solo podía pensar en ponerme algo de ropa limpia y rizarme el cabello, y no estaba para gracias ni salidas de tono, así que me subí sobre un camión y disparé unos tiros al aire.

—Si a alguien se le ocurre entrar en mi tienda, no apuntaré hacia arriba la próxima vez que apriete el gatillo —proclamé desde mi improvisado podio.

El mensaje surtió efecto y fue suficiente muestra de determinación como para que entendieran que allí no era una mujer sino uno más. Nadie nunca se atrevió a entrar bajo la carpa donde dormía en aquel campamento en los pantanos.

Frank me trató siempre como uno más durante mi tiempo con el grupo, sin hacer ningún tipo de distinción con el resto de los muchachos. No todo el mundo, no obstante, parecía entender que yo siguiera allí tras el episodio de las píldoras tiradas por el bidé, y quizá alguien quiso recordarme que era vulnerable. Eso explicaría lo que sucedió durante uno de los entrenamientos, cuando un balazo que alguien tiró desde mi espalda me rozó la nuca. La bala no entró en el cuello, pero la herida sangraba mucho y Frank, aunque pese a la profusa hemorragia esperó a que se hiciera de noche, decidió mandarme a la casa en Miami de Orlando Bosch, uno de los más rabiosos anticastristas de la época y que años después se vio acusado, junto con Luis Posada Carilles, de planificar el atentado de 1976 contra un avión de Cubana que volaba entre Barbados y Jamaica en el que murieron setenta y tres personas.

Entonces, Bosch era para mí sencillamente uno más de los muchos exiliados cubanos que formaban parte del grupo de Fiorini, con el que le había visto varias veces, y aquel día fue mi salvación. Aunque era pediatra, sus conocimientos médicos y el material que guardaba en su casa fueron suficientes para que yo no tuviera que pasar por un hospital, donde por ley se debe informar a las autoridades siempre que entra un herido de bala. Estaba viva, pero no sabía si alguien había disparado por accidente, si la falta de precisión del tirador me había salvado o si intencionadamente se me mandó una advertencia. Ninguna de las tres opciones me daba mucha paz mental.

Otra de las personas que de vez en cuando veía con Fiorini en Florida era alguien que entonces yo conocía como *Eduardo*, un hombre blanco que recuerdo como una sombra oscura y que se convirtió en un rostro familiar. La primera vez que le había visto había sido en 1960, en los apartamentos Brickle Garden en Miami. Íbamos varios en un coche; Frank dijo que tenía que recoger algo y cuando se bajó se encontró con aquel hombre, que le dio un sobre. Los encuentros y los sobres se repitieron decenas de veces, quizá en más de treinta ocasiones, y aunque no sabíamos nada de él, todos éramos conscientes de que, cuando Frank y *Eduardo* se veían, corría el dinero que nos permitía seguir adelante. Solamente años después, cuando estalló el escándalo del Watergate y Fiorini/Sturgis fue arrestado, descubrí el nombre real y la importancia de aquel misterioso *Eduardo*. Se trataba de E. Howard Hunt, el asesor de seguridad de la Casa Blanca de Nixon cuyo número de teléfono se encontró en la agenda de contactos de los detenidos en las oficinas de campaña del Partido Demócrata. Hunt era agente de la CIA desde 1949 y había ayudado a planificar la operación clandestina que sacó del poder al presidente Jacobo Arbenz en Guatemala, dando paso a cuarenta años de dictadura militar en el país centroamericano. Cuando yo lo veía en Florida lo que estaba haciendo era financiar la preparación de la invasión de bahía de Cochinos.

De la anticipación al fracaso: bahía de Cochinos

De vez en cuando venían también al hotel de Miami y a los Everglades asesores militares que no solo entrenaban a los jóvenes sino que daban charlas y discursos para animarles y caldear la moral, y a la vez enseñarles a ser pacientes, aunque esta última parte de la lección no parecía calar. En aquellos días de principios de 1961, cuando no se estaba de entrenamiento en los pantanos se pasaba la mayoría del tiempo esperando y escuchando una y otra vez una ansiosa pregunta: «¿Cuándo es el día?».

Que el día D no llegara era en buena parte responsabilidad de los propios integrantes del grupo, pues todo lo que se oía eran conversaciones cargadas de odio contra Fidel, contra el comunismo y sobre los planes de la invasión. Quizá si no se hubiera consumido tanta cocaína en ese «ejército», el nivel de excitación y despreocupación habría sido menor y las filtraciones menos dañinas para los objetivos. Pero los planes estaban en boca de todos. Hasta los medios de comunicación publicaban esos días historias que contaban abiertamente cómo se preparaban las cosas en Florida, y por supuesto a Cuba no le faltaba información sobre la incipiente amenaza. De hecho, como todos hablaban tanto hubo que suspender el lanzamiento de la operación varias veces y se produjeron diversas falsas alarmas.

A mí, en cualquier caso, todo lo que se planeaba me resultaba estúpido y me planteaba multitud de dudas, en parte porque yo había vivido en Cuba, donde había visto que la mayoría del pueblo apoyaba a Fidel, y no me parecía probable que los «rebeldes» fueran a conseguir el apoyo interior que era pieza imprescindible para poder llevar a buen puerto el plan de cambio de régimen una vez que llegaran a la isla y empezaran su invasión. Conocía muy bien, además, uno de los puntos designados para el desembarco, la ciénaga de Zapata, pues la había visitado en alguna ocasión con Fidel. Sabía que el plan no funcionaría y que muchos se ahogarían, y les advertía de que estaban locos si pensaban que podían meter ahí sus lanchas.

Finalmente, el 17 de abril de 1961 se lanzó la pretendida invasión de Cuba en bahía de Cochinos. Por más que el secretario de Estado, Dean Rusk, hubiese negado que el Gobierno de Estados Unidos fuera a involucrarse en la situación, todo el mundo sabía que aquellos mil quinientos hombres que se intentaron enfrentar a los treinta mil soldados de Fidel habían sido entrenados por la CIA, y se confirmó oficialmente después que había sido «la agencia» la que en 1960, durante la Administración de Eisenhower, había formulado el plan, que John F. Kennedy aprobó tras ser informado de él al triunfar en las elecciones de noviembre de ese año derrotando a Nixon. En realidad, Kennedy había sabido de la trama antes, cuando todavía era solo candidato en las presidenciales, y la usó como arma política. Consciente de que esos planes debían ser secretos y de que Nixon no podría hablar de ellos públicamente, el candidato demócrata torpedeó a su rival en declaraciones y debates por no estar haciendo nada para frenar a Castro, y el republicano, atado de pies y manos, no pudo desmentirlo ni, por lo tanto, evitar aparecer como débil en su trato para con La Habana.

Ya en la presidencia, Kennedy dio luz verde en febrero de 1961 al plan de invasión, que incluía dos ataques aéreos a bases cubanas antes de la llegada del ejército de exiliados que iba a zarpar desde Guatemala, la Brigada 2506. La primera de esas acciones desde el aire se produjo el 15 de abril, y no solo fue un fracaso que dejó casi intactas las fuerzas aéreas de Fidel, sino que además permitió que se vieran imágenes de los viejos bombarderos estadounidenses B-26 que con ayuda de la CIA se habían repintado para intentar hacerlos pasar por aviones cubanos. El embajador de Estados Unidos ante Naciones Unidas, Adlai Stevenson, intentó defender que era una rebelión interna, y para ratificarlo mostró una foto de aquellos aviones pintados, sin percatarse de que aquellas imágenes precisamente confirmaban que se había intentado sin demasiado éxito disfrazar los aviones. Ante la presión creciente por la innegable implicación de Washington, Kennedy suspendió la segunda ronda de bombardeos prevista.

El día 17 cerca de mil trescientos integrantes de la Brigada 2506 llegaron a la bahía de Cochinos y se encontraron inmediatamente bajo un intenso fuego cubano que los dejó aislados, hundió barcos de apoyo y derribó a los aviones que debían respaldarlos desde el aire. Fidel intensificaba el cerco, fracasaba una misión aérea de emergencia autorizada por Kennedy, y para el día 19, el intento de cambiar a la fuerza el régimen en la isla se desmoronaba. Unos cien exiliados murieron y cerca de mil doscientos fueron apresados. En tres días, Fidel consiguió acabar con la pretendida invasión. Mientras, para Kennedy empezaban los problemas. Poco importaba que el «abandono» que denunciaban el exilio cubano y los integrantes de la Brigada 2506 hubiera sido en buena parte responsabilidad de la CIA: el odio del movimiento anticastrista y de otros actores empeñados en derrocar a Fidel cambiaba de diana inmediatamente y se volvía hacia el ocupante de la Casa Blanca.

EL GENERAL DE VENEZUELA

Lo único que consiguió en Cuba el estrepitoso fracaso de bahía de Cochinos fue reforzar a Fidel y acercarlo aún más a la Unión Soviética. Sin embargo, y quizá por eso, la actividad anticastrista no cejó en Estados Unidos, aunque se hubiera ampliado el odio a Kennedy. Fiorini y su «sección de asesinato» no habían participado personalmente en la invasión y se habían quedado en la retaguardia, y Frank empezó a encomendarme misiones menos peligrosas que los robos a armerías o los traslados de armamento, entre las que estaba recoger dinero o información de «donantes» para la causa. A eso me mandó un día de mayo de 1961 al 4609 de Pine Tree Drive, una mansión en Miami Beach. Lo único que se me había dicho es que el donante en esta ocasión era «un general retirado» que me daría su aportación durante una fiesta: tenía que ir a la casa, coger la bolsa con el dinero y volver a salir, y el propio Frank estaría fuera esperándome en el mismo coche en el que me iba a llevar.

Llamé al timbre y salieron dos guardaespaldas del «general», que me condujeron hasta la residencia pasando por un garaje con once coches, incluyendo un llamativo Mercedes blanco con los interiores rojos. Cada paso que daba me hacía adentrarme más en un mundo de abierto lujo, con todo el jardín lleno de bellas palmeras, y mientras oía la música de la fiesta pensé: «Afortunado este general. Parece que vive bien».

Cuando llegamos a una parte de la propiedad que no era la residencia principal, me dejaron esperando en una estancia y no pude evitar sentirme algo estúpida, allí sentada y sola mientras cerca de allí los invitados disfrutaban de una fiesta que sonaba a gloria, más para alguien que había pasado los últimos meses en pantanos y moteles, embarrada o rodeada de armas y consumida por los picotazos de mosquitos. En esas estaban mis pensamientos cuando apareció «el general retirado» y saludó con un sencillo «hola». Bajito como el actor Danny De Vito, me pareció adorable, y aunque estaba gordo y tenía poco pelo, le iluminaba una sonrisa muy dulce. Me puse en pie para saludarle y sin rodeos le informé de que había ido para recoger una bolsa, segura de que sabía a lo que me refería. Pero él no hizo ningún amago de traerla, me instó a que me sentara de nuevo y preguntó:

—¿Alemana?

Ya de entrada parecía saber más de mí que yo de él, y ese desequilibrio algo molesto para mí no se rompió cuando, en ese primer momento, solamente me reveló que se llamaba Marcos. Luego se levantó y se marchó, y no regresó con el dinero, sino con una bandeja, dos vasos y un vino alemán del Rhin. Aunque rechacé la invitación a beber, él se sirvió un vaso y empezó a hacerme preguntas y a flirtear. Me estaba entrando cierta inquietud pensando que Frank estaba fuera esperándome, y le recordé a mi anfitrión que solo quería recoger lo que había ido a buscar, informándole además de que me esperaban en las puertas de su casa, a lo que él contestó seguro y tajante:

—Que esperen.

Tuve la impresión de que no estaba en mi mano decidir cómo iban a desarrollarse las cosas en aquella estancia, así que me decidí a tomar algo de vino. Lo que no esperaba es que Marcos inmediatamente empezara a mostrarse demasiado atrevido, poniendo sus manos sobre mí y deslizando en el sofá de cuero rojo su cuerpo hacia el mío. Intenté como pude quitármelo de encima, le recordé que había gente esperándome fuera y que él tenía que darme algo; pareció tirar la toalla y frenó sus avances, pero se mostró también decidido a que aquel no fuera nuestro último encuentro.

Cuando me lanzó con una mezcla de ruego y exigencia un «tengo que verte otra vez», la frase me sonó familiar, un eco de lo que Fidel me había dicho antes de marcharse del *Berlin* en nuestro primer encuentro. Marcos insistió entonces en que tenía que salir con él, ir a cenar, verle de nuevo, diciéndome que había oído mucho sobre mí, y yo acabé cediendo como respuesta un «quizá algún día» que pareció satisfacerle. Me dejó ir, me dio la bolsa y con ella me marché. Al salir de la casa vi que, para mi tranquilidad, el coche de Frank seguía ahí fuera y respiré: no me habría hecho mucha ilusión caminar sola por las calles de Miami con más de cuatrocientos mil dólares en mi poder. Una vez en el coche pregunté a Frank a quién demonios acababa de conocer y él se rió:

—Nos mantiene en marcha. Es el general de Venezuela. Has conocido a otro dictador.

El comentario no me hizo ninguna gracia, pero empecé a darle vueltas a quién sería aquel «general», aunque no sabía casi nada de Venezuela ni de su política pese a que había recalado en el país en alguna de mis travesías con *papa*. Como hombre, Marcos me había parecido un descarado y me sentía bien por haber resistido sus avances, pero debía admitir que, pese a su atrevimiento, me había resultado agradable: su apretón de manos había sido firme, me había gustado su sonrisa y había sentido que era sincero y que realmente quería verme de nuevo.

Volar sola

Decidí tratar de romper con mi vida reciente; alejarme de operaciones clandestinas, entrenamientos militares, robos, intentos de asesinato e invasiones frustradas a países y tratar de volar sola. Y nada me pareció más apropiado para encaminarme hacia ese objetivo que apuntarme a una escuela de Pan Am, la aerolínea que nació como transporte de pasajeros y correo entre Key West y Cuba y que para entonces, a principios de los años sesenta, era la principal de Estados Unidos. Ofrecía un curso de seis semanas para formar azafatas; yo hablaba algo de español además de alemán e inglés, y me encantaba viajar, así que todo me parecía perfecto y empecé entusiasmada, sabiendo que tras el curso me esperaba un trabajo que de verdad me gustaba.

Un día, cuando salí de las clases, vi una pequeña figura al otro lado de la calle y no tardé en reconocerle: era Marcos, demostrando que era verdad aquello que había dicho en nuestro primer encuentro de querer volver a verme. Tras saludarnos me invitó a salir; acepté y fuimos a un restaurante de pescado, donde mientras comíamos mantuvimos una conversación muy agradable. Nada de política ni de Cuba ni de Venezuela, nada de dinero ni de Frank. Yo sobre todo le escuchaba.

Marcos empezó a aparecer más días por la escuela para recogerme y llevarme de paseo. En aquellos primeros encuentros siempre era muy cordial, pero también quería tocarme y yo me negaba, o al menos al principio, hasta que me acostumbré a él. Mamá siempre me había dicho que no saliera sola con hombres y no me dejara engatusar por los regalos, que todo lo que querían conseguir con esos presentes era mi cuerpo, pero con Marcos desoí todos los consejos de Alice. En una de nuestras salidas, Marcos me llevó a un restaurante polinesio y me regaló una pulsera de oro de dieciocho quilates en la que había una moneda en una de cuyas caras estaba su rostro con la inscripción «Presidentes de Venezuela». No pude evitar ponerme a reír: el hombrecito gordo que muchas veces para salir conmigo aparecía vestido con bermudas y zapatillas de tenis en una moneda de oro...

En los días siguientes continuaron los encuentros y los regalos: perlas de Isla Margarita, joyas de oro blanco y de oro amarillo de distintos quilates... Con cada uno que me daba aprovechaba para contarme cosas de su país, de sus maravillas, y con eso y por mi cuenta fui aprendiendo más sobre Venezuela y sobre él. Solía presumir de lo bella que era su tierra y de cuánto había hecho por la nación, enumerando autopistas, obras de infraestructuras y viviendas para pobres que había construido. Pero no decía nada de que fue un dictador notorio por su brutalidad y corrupción. Miembro de la Junta de Gobierno entre 1948 y 1952, elevado por sí mismo a general y autoproclamado presidente en 1952, Marcos Pérez Jiménez rigió Venezuela con mano de hierro en política pero ligera cuando se trató de meterse en las arcas públicas, hasta que un golpe le forzó a huir en 1958. Se lo consideraba responsable de eliminar brutalmente a enemigos políticos como Leonardo Ruiz Pineda y Antonio Pinto Salinas, y de forzar al exilio, encarcelar y torturar a cientos más en infames lugares como la colonia penal de Guasina. Marcos tampoco decía que Pedro Estrada, el hombre que siempre estaba a su lado en Miami, había sido el jefe de su temida Seguridad Nacional. Alguna vez le pregunté a cuánta gente había matado y me dio parcas y evasivas contestaciones diciendo cosas como:

—Si tienes una manzana podrida, tienes que sacarla porque, si no lo haces, toda la cesta se pudrirá y tendrás que deshacerte de todo.

No hablaba tampoco de cuánto dinero había sacado del país, aunque hubo quien calculó que había robado cientos de millones. Rómulo Betancourt, que le sucedió en la presidencia, presentó cargos formales, además de por cuatro asesinatos políticos, por la sustracción de trece millones y medio de dólares. Y es que, aunque se creía que Pérez Jiménez había sacado muchísimo más de Venezuela, esa es la cantidad que le encontraron junto a documentos incriminatorios en una maleta que se dejó cuando el 23 de enero de 1958 embarcó apresuradamente rumbo a la República Dominicana.

Tras pasar tres meses en la isla, regida entonces por su amigo, el dictador Rafael Leónidas Trujillo, se había exiliado en Miami, pero poco después de su llegada, concretamente en 1959, Caracas solicitó formalmente su extradición. Marcos pagó una fianza de cien mil dólares para seguir libre y estaba viviendo en Florida la vida de lujo que yo había empezado a ver, aunque tras la opulencia había también recordatorios de una realidad más oscura y desde que se había formalizado la petición de extradición todos los primeros lunes de mes tenía que presentarse ante los Servicios de Inmigración y Naturalización.

Ese era el hombre que se había encaprichado de mí y que a veces también venía a buscarme al motel de la guerrilla, donde yo seguía viviendo a mi pesar, incapaz aún de independizarme del grupo de Frank hasta que no tuviera el trabajo de azafata. Marcos me dijo que me ayudaría a salir de aquel lugar y dejar aquellas compañías, y me dio el dinero para que pudiera pagar por adelantado un año de alquiler en el piso donde vivía Margarita Flaquer, una amiga que había conocido en las clases, con la que me mudé. La casa de Margarita, que mantenía una relación con un hombre cubano, era un apartamento muy lindo, pasando un puente. Allí fue donde me acosté por primera vez con Marcos un día en que mi amiga había salido con su novio y tomé demasiado vino espumoso.

El sexo con él no fue maravilloso, ni siquiera bueno. Desde luego no podía compararse con el sexo con Fidel. Marcos no era un buen amante, era egoísta, y las relaciones sexuales parecían para él simplemente un trámite que cumplir, no algo a lo que entregarse para gozar sin pensar en el tiempo. Lo que de verdad le gustaba eran los abrazos.

UNA RELACIÓN EQUIVOCADA

Tras aquel primer encuentro sexual me atormenté con preguntas sobre por qué lo había hecho, diciéndome que realmente no le quería. Sin embargo fueron solamente recelos iniciales, porque llegué a quererle. Era divertido y dulce, y tenía una sonrisa brillante que se contagiaba. Con él aprendí algo que nunca había sabido antes de ese momento: crecer al lado de alguien, amar y ser amado. La nuestra era una relación buena, sólida y amorosa, aunque también equivocada, pues Marcos estaba casado con una mujer llamada Flor Chalbaud, con la que tenía cuatro hijas.

También era un tipo celoso. Tras varias semanas de relación, unos días antes de que fuera a sacarme el título de la Pan Am me vio vestida con mi uniforme azul y sus inseguridades le saltaron a flor de piel; empezó a dejarme claro que no quería que siguiera adelante, quejándose de que iba a pasar todo el día siendo observada por hombres. Yo ya había hecho un vuelo de prácticas hasta Río de Janeiro y adoraba la perspectiva de convertirme en azafata, pero no pude evitar ver evaporarse mis sueños otra vez. Y no solo se esfumaron por los celos de Marcos.

Un día, en uno de mis vuelos con la Pan Am, me sentí enferma, con náuseas, exactamente igual que me había sentido en Cuba. Las señales eran claras, aunque yo estaba sorprendida e incrédula y me decía a mí misma que no podía ser lo que estaba pensando. En mis relaciones sexuales con mi nuevo amante yo no tenía ningún tipo de precaución o cuidado, porque mi madre nunca me había enseñado nada sobre educación sexual, anticonceptivos o planificación familiar, y también porque había creído lo que tantas veces me habían insistido en Nueva York: que no sería capaz de tener más niños y que la chapucera operación en Cuba había arruinado mi cuerpo y me había dejado estéril. Tuve la forma más contundente de comprobar que todo lo que me habían contado era una sarta de mentiras: Marcos me había dejado embarazada.

Cuando le di la noticia se puso feliz y empezó a organizarme la vida, buscándome, por ejemplo, al ginecólogo que me atendería durante el embarazo en Miami, Harry P. Wolck, que tenía su consulta en Brickle Avenue. Estaba claro que no podría seguir con la Pan Am, y no solo me daba pena abandonar ese camino sino también miedo, porque no sabía cómo iba a ser capaz de sobrevivir. Marcos me tranquilizó asegurando que se encargaría de todo. «Todo va a estar bien» era una frase que me repetía a menudo aquellos días.

El embarazo fue, además de una alegría para ambos, el combustible que alimentó la rivalidad que Marcos vivía con Fidel, al que odiaba profundamente. Yo nunca le había contado gran cosa de mi anterior relación, pero Marcos sabía hasta el más mínimo detalle y a veces, cuando estaba conmigo y había bebido más de la cuenta, telefoneaba a Fidel a La Habana para insultarle por teléfono, llamadas en las que empezó a jactarse de que él tenía ahora a su novia y la había dejado embarazada. La ocurrencia habitual en sus borracheras se hizo tan frecuente que un día vinieron unos agentes secretos a mi puerta y me encargaron que instara a Marcos a dejar de realizar esas llamadas a Cuba.

También se acercaron a casa un par de veces enviados de Fiorini. Querían ver cómo estaba yo, pero sobre todo hacían muchas preguntas sobre Marcos. Intentaba deshacerme de ellos, explicarles que había abandonado el grupo y que ya no trabajaba ni con ellos ni para ellos, pero no tenía forma de frenarlos y llegué a asustarme cuando alguna de las visitas empezó a incluir amenazas. Un día, por ejemplo, apareció un hombre al que no había visto nunca antes pero cuyo rostro recuerdo a la perfección porque tenía un problema en un ojo. Aquel tipo que daba miedo me instó a dejar la casa y abandonar a mi amante, y siempre he pensado que lo que querían era secuestrar a Marcos para conseguir dinero.

Más allá de esas visitas, que eran un recordatorio de un pasado que parecía imposible dejar atrás, mi vida en esos meses fue muy tranquila y me dedicaba a pasatiempos como hacer puzles o escuchar música, salía de compras con Margarita y esperaba a Marcos, que me visitaba un par de veces por semana, diciendo en su casa que se iba a jugar a tenis. Marcos era un marido infiel muy discreto, una habilidad labrada a golpe de experiencia, y ocultaba perfectamente sus aventuras, tanto que Flor Chalbaud no sabía ni que mantenía una relación sentimental y sexual conmigo ni que yo esperaba un bebé de su marido.

EL REFUGIO DE UNA MADRE

Tampoco nadie de mi familia sabía que me había quedado embarazada, y quise decírselo a mi madre. Pero cuando llamé a casa no di con ella sino con Joe. Le puse al día de mi situación y cuando se enteró de quién era el padre puso el grito en el cielo. JoJo describía a Marcos como un asesino, uno de los dictadores más crueles que habían existido y un monstruo, definiciones que yo había oído y leído antes pero que no retrataban al hombre al que conocía íntimamente. Aun así, empezó a apoderarse de mí el miedo y volvieron para asaltarme como fantasmas los recuerdos de lo sucedido en Cuba. Pasaba auténtico pavor pensando y temiendo que alguien quizá también ahora quisiera quitarme a mi bebé, y estaba tan aterrorizada que me paralicé y prácticamente no salí de la casa. Cuando llegué al octavo mes de embarazo solo salía de casa, acompañada por los guardaespaldas de Marcos, para ir al médico.

Esa angustia era demasiado para mí y no quería pasar el final de mi embarazo sola, por eso necesitaba hablar con mamá, que entonces trabajaba como secretaria en Cadwalader, Whickersham y Taft, un bufete internacional de abogados de Wall Street. Cuando finalmente conseguimos ponernos en contacto, la conversación fue intensa y amarga, y recuerdo los detalles de aquella llamada como si hubiera sucedido hoy mismo, un diálogo prácticamente unilateral lleno de recriminaciones por su parte por no haber seguido sus consejos de mantenerme alejada de los hombres y cargado de una explosión de furia cuando supo que el padre del bebé que esperaba era Pérez Jiménez. Para mamá, Marcos era igual que Fidel, y poco importó que yo le asegurara que esta vez las cosas eran diferentes y que ese hombre me quería, que no iba a dejar que nos pasara nada ni a mí ni al bebé y se iba a encargar de nosotros. Fue casi peor decirle aquello y nunca olvidaré el grito rabioso en el que estalló:

—¡Eres una mantenida!

En vez de hacer feliz a mi madre, me veía condenada de nuevo y no pude evitar romper a llorar, momento en el que Marcos cogió el teléfono para intentar razonar con ella.

—Alice, no te preocupes, cuidaré de Marita. Voy a cuidarla a ella y voy a cuidar del bebé, voy a hacer todo bien. No grites, Alice, no grites.

En aquella dramática conversación telefónica, mamá me había exigido que fuera al norte para estar con ella y amenazaba con enviar a alguien a buscarme si no lo hacía, así que Marcos y yo mantuvimos una larga y serena charla y acordamos que iría a vivir con ella a Nueva Jersey y tendría a nuestro bebé allí. Viajé con sus guardaespaldas, embarazada casi de nueve meses, y cuando llegué al 206 de Wilson Avenue, en Fort Lee, me reencontré con mamá y todas las recriminaciones, los gritos y la tensión se disiparon: nos abrazamos, lloramos y fui feliz.

Mamá cogió una baja en su trabajo para estar conmigo todo el tiempo y acompañarme a los médicos; Marcos llamaba cada día y sus guardaespaldas, que se encargaban de vigilar un club de tenis del que era propietario en el estado, venían también con frecuencia con comida y regalos. En una de aquellas llamadas, Marcos me indicó que debía ir a ver a Roy Cohn, que era un gran abogado de la mafia, un gángster, que era quien iba a establecer un fondo de setenta y cinco mil dólares para mí y otro por la misma cantidad para el bebé, que también tendría aparte una cuenta para educación, gastos médicos y otras necesidades. Marcos estaba cumpliendo su promesa de asegurarnos que no nos faltara nada.

Alumbrar en plena tormenta

Aunque salía de cuentas en febrero, precisamente el mismo día en que tres años antes había conocido a Fidel, puedo dar gracias de que una coincidencia así no quedara marcada como un irónico recordatorio en mi vida, y no fue hasta el 8 de marzo cuando empecé a sentir contracciones. Con ese don para atraer el drama que parece que me persigue, aquel día hubo un tremendo temporal de nieve que se ganó el nombre de «la tormenta del Miér-

coles de Ceniza de 1962» y que entró en la historia como
una de las diez peores del siglo xx en Estados Unidos.
Azotó durante tres días seis estados de la costa atlántica,
dejando decenas de muertos y millones de dólares de pér-
didas. El hospital donde tenía planificado dar a luz estaba
en Manhattan y mamá y yo vivíamos en Nueva Jersey; era
imposible conseguir una ambulancia, así que tuvo que ir
a buscarnos la policía y, como tantas cosas en mi vida, el
viaje fue una odisea, como de película, con mamá histérica, yo llorando y el pobre policía novato al que le había
tocado llevarnos en ese viaje rogándome que no diera a
luz en su coche en uno de sus primeros trabajos.

Llegamos al hospital y la mañana siguiente, 9 de marzo de 1962, parí un bebé grande, de cuatro kilos. Tuvieron que usar fórceps y no me administraron ningún tipo
de anestesia, convirtiendo el parto en una experiencia
agónica y desgarradora. Sin embargo, cuando oí el llanto
de mi hija, todo el sufrimiento y la agonía pasaron, y no
pude contener mi emoción y mi felicidad. En el embarazo anterior las drogas impidieron que sintiera nada, y esta
vez hasta el insoportable dolor me parecía una bendición.
Por fin lo había conseguido, había traído al mundo a un
pequeño ser vivo que ahora palpitaba entre mis brazos.

La de Marcos fue la primera llamada que recibí, y al
otro lado del teléfono le oí ansioso y feliz, preguntándome dónde estaba el niño.

—Es una niña —le dije medio avergonzada.

—¡Oh no! ¡No quiero más niñas! —exclamó decep-
cionado.

—Lo siento, lo siento, he hecho una niña —musité,
disculpándome sin poder evitar romper a llorar.

Como había hecho con sus cuatro hijos y con su nieta,

mamá logró también que el padre tuviera poco que decir al escoger el nombre. Marcos quería que nuestra pequeña se llamara Adela María, como su madre, pero Alice volvió a salirse con la suya y mi bebé se llamó Mónica. El único consuelo para Marcos fue que mi madre le dejó ponerle como segundo nombre Mercedes.

Marcos se encargó de todo económicamente también esos días. Estábamos en el New York Lion Hospital, en una enorme habitación con vistas al río, la misma en la que Jackie Kennedy estuvo tras alumbrar a Caroline, y como yo no tenía ningún tipo de seguro médico, Marcos pagaba por todo, siempre en efectivo. Aquello le costó entre diez y veinte mil dólares. Llenó de flores toda la habitación y envió regalos, estatuillas de Lladró, frutas... Mandó, además, a sus guardaespaldas y ordenó que uno siempre estuviera de guardia frente al cristal de la sala de neonatos. En los mundos en que se movía él y me había movido yo, miedos que en otras circunstancias o a otra gente les podrían parecer exagerados, nunca eran del todo infundados. Y él temía que alguien intentara intercambiar al bebé.

Tras el parto y la estancia en el hospital regresé a casa de mamá, que tenía un apartamento de dos plantas, y aquellos fueron algunos de los días más felices de mi vida. Estaba maravillada con mi hija, sin poder dejar de mirarla ni por un segundo, amando de una forma única y suprema, aprendiendo y descubriendo algo nuevo cada minuto, asombrada... Amamantaba a mi pequeña y no podía dejar de mirarle las manitas, la carita... Era fabuloso, lo más maravilloso que había experimentado nunca, y me dejaba poseer por el sentimiento maternal, por el amor, por el asombro, por la incredulidad y por la magia de pensar que esa criatura había salido de mí, que era mía. Solo he sentido tal éxtasis entonces y, años después, cuando tuve a mi hijo Mark. Obviamente tuve que contar en los dos casos con los respectivos padres para procrear, pero hay vivencias que pertenecen solo a la mujer.

Me quedé un par de meses viviendo con Alice, aunque seguía hablando cada día con Marcos y añorándole, y todo lo que quería era volver a Miami para estar con él. Sé que él también me echaba de menos a mí y estaba impaciente por conocer a su hija, y pagó un billete de avión en primera clase para que fuéramos a Miami, donde estaba esperándonos cuando llegamos. Me puso un dúplex cerca del canal donde todo era blanco: el cuero, las alfombras, los mármoles… Contrató además a una enfermera no solo para que me ayudara sino también para que me hiciera compañía, porque pasaba mucho tiempo sola. La esposa de Marcos, que durante un tiempo se había ido de Miami a Perú, había regresado a Estados Unidos y él solo podía venir a estar con nosotras algunos ratos y algunos días.

Si Flor Chalbaud hubiera sido el único reto para que estuviéramos juntos creo que habríamos podido superarlo, pero entonces empezó a complicarse mucho la situación legal de Marcos en Estados Unidos y las fuerzas políticas —tanto públicas como subterráneas— que se movían tras esas complicaciones eran imposibles de aplacar. Bobby Kennedy, que entonces era fiscal general de Estados Unidos, estaba trabajando con el presidente venezolano, Betancourt, que presionaba para lograr la extradición. Poco importaba que Marcos, como gesto de buena voluntad, hubiera donado dinero para la campaña de reelección de JFK o que hubiese intentado establecer su credibilidad como buen residente de Estados Unidos donando también un millón de dólares para emprender la construcción de una parte del parque de Disneyland en Orlando; se empezó a alegar que presentaba riesgo de huida y no convenció de su intención de permanecer en Estados Unidos el que estuviera dispuesto a entregar una fianza de trescientos mil dólares.

David Walters, un exagente de fronteras con lazos con la CIA que era su abogado, no encontraba forma de detener la extradición y la situación estaba hundiendo cada vez más en una depresión a Marcos, al que Mónica y yo cada vez podíamos ver menos y que, finalmente, en diciembre de 1962, fue encarcelado en la prisión del condado de Dade, desde donde me telefoneaba cada noche tras pagar por cada llamada trescientos dólares en sobornos a guardias. Fue en esos días cuando supe que, otra vez, me había vuelto a quedar embarazada.

EL HOMBRE MÁS ODIADO

Walters, que era también quien me representaba en el fondo fiduciario, me trasladó desde el dúplex en el que Marcos me había instalado al volver a Miami hasta una *suite* en las torres Baypark. Yo era una pieza clave en la estratagema que había ideado para intentar frenar la extradición de Marcos, un plan que al principio, no entendí que me acabaría saliendo muy caro y que fue el germen de una relación tortuosa con el abogado que alcanzaría el extremo del odio más puro y brutal.

Para evitar que extraditaran a Marcos, según me explicó, debíamos presentar una demanda de paternidad con la tesis de que mientras ese caso estuviera tramitándose no podrían sacarlo del país. A mí me preocupaba algo: en el acuerdo de los fondos fiduciarios había una cláusula de confidencialidad sobre la paternidad y si seguía adelante con el plan arriesgaba perderlo todo. Pero Walters intentó tranquilizarme asegurándome que no pasaría nada, y me buscó un abogado para empezar el proceso, Montague Rosenberg; este presentó los papeles de un caso en el que decidieron, sin que yo participara en ello, que reclamaría a Marcos cinco millones de dólares.

Volvía a ser un peón, una ficha en una partida que jugaban otros, una marioneta cuyos hilos se movían a antojo ajeno, con un discreto papel en una obra cuyas dimensiones escapaban a mi comprensión. Lo pude comprobar en junio de 1963, cuando aparecieron en mi puerta dos tipos enormes que dijeron venir de la oficina de Bobby Kennedy y, sin darme ningún opción, me hicieron sentarme y escuchar. Exigían que retirara la demanda de paternidad e intenté explicarles que no podía hacerlo porque esa demanda era lo que aún mantenía al hombre que quería en Estados Unidos y también mi garantía para que siguiera vivo, porque él estaba convencido de que, si retornaba a Caracas, Betancourt lo iba a ejecutar. Escucharon, pero me remarcaron que, con o sin mí, Pérez Jiménez iba a ser extraditado. Entonces pusieron delante de mí unos papeles y me explicaron que si estampaba en ellos mi firma se acabaría el proceso judicial; a cambio, dijeron, considerarían devolverme el fondo que iba a perder. Podía ver la estratagema como lo que era: una sucia treta y puro soborno. Me negué a firmar. Esa fue la carta que jugué. Y perdí.

El proceso judicial continuó y, en una de las sesiones, el juez Wiseheart, que llevaba la demanda de paternidad, pidió saber quién era el donante anónimo del fondo. Walters se acercó al magistrado y pronunció el nombre de Marcos Pérez Jiménez suficientemente fuerte como para que lo oyeran varios reporteros presentes en la sala. La confidencialidad, que era requisito imprescindible para mantener los fondos que Marcos nos había dedicado a Mónica y a mí, saltaba por los aires. Acabábamos de quedarnos sin ningún recurso económico. Walters, el maldito Walters, me dijo:

—Mala suerte.

Lo odio hasta el día de hoy, tan profundamente como nunca he odiado a nadie más.

Mis problemas iban a ser mucho más graves y dolorosos que quedarme sola y sin dinero, y la más horrible constatación llegó cuando, embarazada de tres o cuatro meses, salí a pasear con Mónica y un coche, un Chevy rojo, vino por detrás y se abalanzó sobre nosotras. Tuve tiempo de empujar el carrito de mi hija y evitarle el impacto pero no pude salvarme yo. El vehículo salió huyendo después de atropellarme y dejarme sangrando; me trasladaron a un centro médico donde tuvieron que practicarme una operación. Supe que lo impensable había vuelto a suceder. Había perdido otro bebé.

El general Carlos Pulido, un colaborador de Marcos, vino a verme al hospital e intentó consolarme diciendo que al menos tenía a Mónica, y trató de tranquilizarme asegurándome que iba a estar bien, pero no logró quitarme los miedos cuando, después de que yo le preguntara quién había podido cometer semejante barbarie, me contestó:

—Debes tener mucho cuidado de que nadie encuentre a Mónica.

Fue Pulido, precisamente, quien me llevó a su casa cuando me dieron el alta un par de días después del ataque, y allí viví con mi hija un tiempo, sin pisar la calle, aterrorizada. Aunque no podía saber con certeza quién estaba detrás del intento de asesinato de mi pequeña y de la muerte de mi bebé nonato, todas mis sospechas se centraban en Walters, que ya había pretendido antes que yo me declarara no apta para la maternidad y cediera la custodia.

Al ser él el abogado de Marcos me resultaba difícil evitarlo. Un día me hizo ir a la oficina para firmar unos papeles supuestamente referentes al apartamento que me había estado pagando el general, pero cuando miré debajo del primer folio vi que había un documento en el que yo cedía la custodia de mi hija. Me puse como loca al descubrir su vil intento de engaño, quería matarlo, empecé a tirarle cosas y lo maldije. Entonces le grité que sabía que era él quien había intentado matarme. No estaba lanzando un farol ni mentía: después de mi atropello, un detective había ido desenredando la madeja y supo que en el ataque se había usado un coche de alquiler que había contratado alguien llamado Frank Russo, un tipo salido de Chicago. El día de mi atropello no conducía Russo sino un investigador de la oficina de Richard Gerstein, el fiscal general de Miami y también exagente del FBI, muy cercano a Walters. El bufete de Walters era Walters, Moore y Constanzo, y este último era la conexión con Chicago y con Russo. Walters se quedó de piedra y parecía no poder creer que yo hubiera sido capaz de descubrir todo aquello. Yo no entendía nada. ¿Quién quería quedarse con mi hija? ¿Pero por qué? ¿Qué mal podía hacerle a nadie una niña pequeña? Una marioneta, sí. Así es como me sentía.

En la sala de espera de su despacho estaba sentada una adolescente que me aplaudió a rabiar cuando salí. Se trataba de Margot, la mayor de las cuatro hijas legítimas de Marcos, que, como yo, odiaba a Walters y al mismo tiempo también dependía de él. Supuestamente se había escapado de casa a los diecisiete años para casarse con su novio de la escuela, Lee Brook, tres años mayor que ella. En realidad a Margot su madre la había echado al enterarse de que estaba embarazada, y la adolescente había vuelto a colarse en su casa y se había llevado unas joyas que había empeñado.

A Marcos intenté contarle todo lo que había pasado con Walters, pero ya no podía hablar francamente con él porque escuchaban todas sus conversaciones. El 12 de agosto, tras una intensa batalla legal de cuatro años en varios frentes que por dos veces llegó al Tribunal Supremo, el secretario de Estado de Estados Unidos, Dean Rusk, aprobó la extradición del padre de mi hija, la primera de un personaje político de ese nivel y una muestra del giro que había dado la Administración Kennedy respecto a la de Eisenhower, que había llegado a otorgar a Marcos en 1952 una condecoración militar, la Legión al Mérito.

Poco después hubo un encuentro en el aeropuerto de Miami entre Bobby Kennedy, Walters y un representante de Betancourt. Aunque el juez Robert Anderson prohibió que la extradición se ejecutara si Marcos no pagaba una fianza de trescientos mil dólares referente a la demanda por paternidad y aunque mi abogado intentó denunciar a la oficina del *sheriff* para impedir que lo entregara, el 17 de agosto de 1963 Marcos salió de la celda donde había pasado los últimos ocho meses y llegó, esposado y escoltado por una comitiva de seis coches de agentes de los *marshalls* y de la policía metropolitana, al aeropuerto de Miami, donde dos tripulaciones, guardias, oficiales, un doctor y una enfermera llevaban los últimos cinco días esperando por sugerencia del Departamento de Estado.

Un telegrama de Washington confirmó que Estados Unidos podía traspasar la custodia del detenido y, a las 12:25 horas, tras recorrer un pasillo con treinta agentes estadounidenses y venezolanos, Marcos Pérez Jiménez fue metido en el avión en el que realizaría, junto a doce agentes, su vuelo de regreso a Caracas. En el aeropuerto solo estábamos su hija Margot, Mónica y yo. Margot cayó de rodillas y lloró. A mí me esposaron al volante de un coche cuando intenté salir a abrazarle y despedirle.

Caídos en desgracia

Los días siguientes, otra vez acogida en casa de Pulido, todo fue frenético y yo no podía dejar de llorar ni sabía qué hacer y me enfrentaba al acoso constante de los periodistas. Entonces uno de los jueces que había participado en una de las causas judiciales de Marcos murió en una explosión de su barco en Miami y yo me asusté. Alguien se estaba poniendo ligero con el explosivo C-4 y a mí empezó a superarme el miedo, me sentí absolutamente sola y ya no podía acudir a la gente de Cuba, que no quería tener nada que ver conmigo, así que solo se me ocurrió recurrir a Alex Rorke.

—Yo estoy cayendo en desgracia con Fiorini —me confesó.

Fue lo último que escuché de mi querido Alex. El 24 de septiembre, la avioneta en la que partió de Fort Lauderdale, en Florida, desapareció cuando volaba sobre Cuba. En una rueda de prensa la semana siguiente a esa desaparición, Jacqueline, la esposa de Rorke, explicó que el último vuelo de su esposo había sido financiado por Luis Somoza, antiguo presidente de Nicaragua y ferviente anticomunista. Jacqueline aseguró también que aunque Alex le había dicho que se dirigía a Managua para negociar con Somoza la apertura de una empresa de importaciones y exportaciones, él y Geoffrey Sullivan, el piloto con el que pocos días antes había realizado un vuelo sobre Cuba para atacar refinerías de petróleo, habían presentado un plan de vuelo en Florida en que el destino era Panamá y que, cuando pararon a repostar en Cozumel (México), cambiaron ese plan de vuelo y anotaron como destino Tegucigalpa, en Honduras. Los cuerpos de Alex, Sullivan y el de un tercer pasajero identificado como Enrique Molina García nunca fueron encontrados.

5

DALLAS, NOVIEMBRE DE 1963

Sola con mi pequeña, sin recursos y atrapada en Miami, quise recuperar mi dinero y el de Mónica y puse una demanda para intentar que se reinstaurara el fondo que nos había dejado Marcos. Llegué a acudir en un par de ocasiones al tribunal, pero mi caso murió porque se me responsabilizaba a mí de haber violado la clausula de confidencialidad, aunque no fui yo quien urdió la demanda de paternidad como vía para intentar frenar la extradición ni quien pronunció el nombre de Marcos ante un juez para que lo oyeran los reporteros. La vía legal se me había cerrado y solo me quedaba el enfrentamiento directo con Walters, ese traidor inmundo. Debía protegerme de quien había intentado atropellarnos a mi hija y a mí, pero también debía buscar formas de presionarle para que dejara de amenazarnos y para que me devolviera el dinero, que estaba segura se había quedado él. No conocía a nadie mejor para ayudarme en ese empeño que a Fiorini, así que, una vez más, me veía forzada a volver a él.

Sabía que los cubanos todavía me recordaban por el episodio de las pastillas de Fidel y no querían tener nada que ver conmigo, pero también estaba segura de que Frank sabría cómo manejarlos para que no me dieran problemas. Él era mi única esperanza e inicialmente no me falló: cuando me acerqué a él, le expliqué mi situación y le rogué que me ayudase, me dejó que empezara a hacer pequeños recados y encargos para él, aunque principalmente me dedicaba a merodear a su alrededor, esperando a que pudiera dedicarme algo de su tiempo para ayudarme.

Así fue como, una vez más, me vi de nuevo involucrada con el viejo equipo. Allí estaban Pedro Díaz Lanz, los hermanos Ignacio y Guillermo Novo, Manuel Artime... A veces rondaban también otros soldados de fortuna y *donantes*, como Cardin, Mary Alice Firestone y alguien de quien no recuerdo el nombre pero que sé que era el heredero de la casa de maquinillas de afeitar Gillette. Entre ellos ratifiqué que, tras el fracaso de bahía de Cochinos en 1961, el discurso se había transformado radicalmente y que el odio que antes se dirigía hacia Fidel ahora ponía en su diana a John F. Kennedy. Quizá porque equivocadamente pensaban que yo odiaba a la familia del presidente por el papel determinante que Bobby Kennedy había jugado en la deportación de Marcos, mostraban sin tapujos el rencor, las acusaciones de que Kennedy se había acobardado y había provocado la debacle de la invasión al no dar el apoyo aéreo prometido. No dejaban ninguna duda: lo querían muerto.

Un día hubo una reunión en la casa de Orlando Bosch a la que acudí porque necesitaba hablar con Frank acerca de Walters. Mi cabeza estaba en mis propios pensamientos y no presté demasiada atención a lo que estaba pasando ni a los detalles de la conversación. Sí recuerdo que aquel día de septiembre u octubre también estaban en la casa los hijos de Bosch, a los que sacaron de la estancia donde el grupo estaba reunido. Habían corrido las cortinas y empezaron a sacar varios mapas, que desplegaron en la mesa del salón. Empezaron a dibujar círculos sobre los mapas, que tenían diversos puntos marcados, y pude ver en ellos escrito «Dallas». Hacían comentarios pero no me esforcé en prestar atención a la conversación mientras ayudaba a la mujer de Bosch a servir café. Simplemente deduje que se trataba de un nuevo viaje para transportar o robar armas, como tantos otros que el grupo había hecho antes, aunque no entendía bien por qué hacía falta ir hasta Texas y tampoco pregunté. En aquellos días solo tenía en la cabeza a Walters, y aunque por una parte sentía que personalmente las cosas habían cambiado mucho para mí y que la maternidad me había dado un nuevo sentido de la responsabilidad que me inclinaba a mantenerme alejada de cualquier acción ilegal, necesitaba desesperadamente el dinero.

Lee Harvey Oswald

En la reunión, que duró cerca de una hora, además de Frank y de Bosch estaban al menos uno de los hermanos Novo y también un joven que yo había visto antes tres o cuatro veces en Florida, tanto en una casa segura que el grupo de Fiorini mantenía en la sección suroeste de Miami como en los entrenamientos en los Everglades. De hecho, el joven y yo aparecemos juntos al lado de Fiorini y de otros en una grabación y en una foto de grupo, unas de las imágenes que Alex Rorke tomó de los integrantes de la Operación 40 en aquellos pantanales antes de desaparecer y en las que yo soy, como de costumbre, la única mujer.

La primera vez que había visto a ese muchacho que ahora me reencontraba en la reunión en la residencia de Bosch fue en la casa de Miami donde hacíamos cosas como limpiar armas y preparar los panfletos que luego se lanzaban sobre Cuba desde avionetas. Cuando llegó a la entrada, le pregunté a Frank quién era y me dijo:

—Va a ser uno de nosotros. Servirá a su propósito.

Fiorini me lo presentó como Lee Oswald. Yo desde el primer momento empecé a llamarle Ozzie. Luego supe su nombre completo: Lee Harvey Oswald.

Desde el primer momento, Ozzie me provocó algo de recelo. Entre la gente del grupo de Florida nos conocíamos bien, teníamos una relación de confianza, y a él lo sentía como un *outsider*. El día que nos conocimos bromeé con él diciéndole que no parecía suficientemente fuerte como para coger un rifle M16; se lo veía débil, casi como si estuviera hambriento, y el comentario no le gustó nada porque a partir de entonces, cuando nos encontramos en alguna ocasión en los entrenamientos en los Everglades, tuvo una actitud fría y distante conmigo. Me parecía además presuntuoso, y cuando presumía sobre cuántos lugares en el mundo había visitado yo empezaba a enumerar también la larga lista de países en los que había estado gracias a mis viajes con *papa*. Él aseguraba que hablaba varios idiomas, aunque a mí me parecía que al menos su español dejaba bastante que desear. Podía entenderlo, pero lo hablaba con un fuerte acento, y daba la sensación de que todo lo que había hecho era ir cogiendo frases de aquí y de allá.

Tras el encuentro en casa de Bosch con Ozzie, Fiorini y el resto, volví al motel en el que vivía después de perder la casa que me pagaba Marcos, y me mantuve en contacto con Frank, hasta que a mediados de noviembre me dijo que había llegado la hora de hacer el viaje. Dejé a mi pequeña con Willie Mae Taylor, una empleada del hogar negra que me había estado ayudando a limpiar el piso y a cuidar de mi hija, y como no podía pagarle, me dijo que se llevaría a Mónica a su casa con sus propios hijos. Luego Frank, Oswald, los Novo, Pedro Díaz Lanz, Gerry Patrick Hemming, Bosch y yo nos encontramos frente a la misma casa del doctor cubano donde nos habíamos reunido para planificar el viaje a Dallas, y nos repartimos en dos viejos coches con los que iniciamos la travesía hacia el oeste.

Yo viajaba con Frank, uno de los hermanos Novo y Hemming, que protestó repetidamente por la incomodidad. Era altísimo y sus largas piernas no cabían bien en la parte trasera del coche, cuyo suelo, como los maleteros, iba también repleto de armas, que yo pensaba que iríamos dejando en diversos puntos del camino, como en las entregas que habíamos realizado en anteriores ocasiones. Esta vez, no obstante, todo parecía mucho más riguroso que de costumbre. Se dieron instrucciones, por ejemplo, de que debíamos llevar ropas normales, nada de camuflaje o que tuviera tinte alguno de vestimenta militar, y estaba terminantemente prohibido hablar en español. Se insistía una y otra vez en que había que conducir con mucho cuidado y tranquilidad para evitar cualquier tipo de incidente o ser retenidos por alguna infracción de tráfico, y no parábamos ni siquiera a comer. De hecho, solo nos detuvimos en algunos *drive-in*, esos restaurantes en los que no hace falta bajarse del coche y se recoge la comida en la ventanilla. Por no haber no había ni tiempo para dormir, y mis compañeros de viaje se iban turnando para conducir sin detenernos a descansar. En el trayecto, todos me parecían como zombis, hasta arriba de cocaína o de *speed*.

En un momento dado llegué a preguntar para qué queríamos todo el armamento que llevábamos encima y alguien me contestó:

—¡Oh! Nos vendrá bien.

Alguien más incluso bromeó:

—Vamos a matar a Kennedy.

Por supuesto no lo creí.

El hombre de los calcetines blancos

Después de dos días en la carretera, pasamos junto a un cartel donde se leía «*Welcome to Dallas*» y supe que habíamos llegado a nuestro destino. Nos instalamos en un motel en las afueras de la ciudad donde teníamos dos habitaciones, unidas por una puerta interior, cada una con dos camas dobles, y también allí debíamos cumplir al pie de la letra instrucciones muy rigurosas: se mantenía el veto total al español, estaba absolutamente prohibido realizar o recibir llamadas telefónicas o llevar a nadie, y no se podía salir por ninguna razón, ni siquiera para comer: nos traerían ingredientes para preparar sándwiches. Empezamos a instalarnos y de los coches trajeron bolsas con armas, que dejaron en el suelo de las habitaciones, junto a las camas.

En mi tiempo allí vi a una persona que llegó de fuera para hablar con Frank. Era un hombre de mediana edad, entre fuerte y regordete, con calcetines blancos y pantalones y chaqueta oscuros. Su rostro me era familiar y tenía el aspecto de esos mafiosos algo macarras con los que me había familiarizado; me di cuenta entonces de que yo había visto a ese hombre una vez en Cuba, o al menos eso creo recordar, en el hotel Riviera. No sabía su nombre en ese momento en La Habana ni cuando lo volví a ver en el motel de Dallas, pero lo descubriría unos días después: era Jack Ruby.

Frank salió a su encuentro en la puerta de la habitación y cuando Ruby se percató de mi presencia allí le oí increpar a Fiorini:

—¿Qué hace aquí esta maldita puta?

Pude oírles discutir aunque salieron fuera de la habitación para seguir su conversación. Cuando terminaron de hablar y Frank regresó, se me acercó para decirme que no era buena idea que siguiera con ellos.

—Creo que he cometido un error. No quieren a una mujer involucrada.

Yo le respondí que había participado en trabajos similares y sin más explicaciones me replicó:

—No como este.

Ni discutí más ni le llevé la contraria. En realidad a mí no me importaba en absoluto marcharme, y de hecho es lo que quería: no me encontraba bien, me había venido el periodo y tenía fuertes dolores menstruales y ninguna compresa; no tenía ninguna privacidad y además me había tocado la primera noche dormir en el suelo entre dos camas porque no quería compartir colchón con ninguno de los hombres. Había notado desde el primer momento que sentían que yo estaba en medio. Pero, sobre todo, quería irme porque echaba de menos a mi hija.

Ese cúmulo de sensaciones y circunstancias hicieron fácil tomar la decisión de marcharme. Frank me dio dinero para que cogiera un vuelo de vuelta a Miami y me llevó al aeropuerto, adonde también vino Gerry Patrick Hemming, que parecía enfadado o descontento con la operación. No sé a dónde voló él, pero yo cogí un vuelo a Miami y nada más aterrizar en Florida me fui a recoger a Mónica a casa de Willie Mae, que vivía en Homestead, donde había una antigua base militar. Me quedé horrorizada con lo que vi: mi querida Willie Mae vivía en una pobreza extrema con sus ocho hijos en una auténtica chabola, sin agua potable, con gallinas por todos lados, y Moniquita dormía en un colchón lleno de bichos. Willie Mae se esforzaba por mantenerlo todo limpio y lavaba y cocinaba fuera de las cuatro destartaladas paredes, pero aquello era verdaderamente desolador. Le di las gracias y todo el dinero que tenía, recogí a mi hija y después de una noche o dos en Miami decidí volver con mi madre. En Miami me sentía desesperanzada, asustada y vulnerable, y en una ciudad llena de facciones opuestas era plenamente consciente de que yo no le gustaba a ninguna.

El viernes 22 de noviembre cogí un avión de la aerolínea Eastern que salía de Miami y debía aterrizar en Idlewild, en Nueva York. En mitad del vuelo, el capitán nos informó de que el avión debía ser redirigido a Newark, en Nueva Jersey. Solo dijeron que algo había pasado en Dallas, una emergencia, pero algo se removió en mi interior y me hizo pensar en lo impensable. Todo lo que pude hacer fue decirme:

—¡Oh, Dios mío! Espero que no.

Cuando aterricé, mamá vino a recogerme, se me acercó, cogió a su nieta y me dijo una frase que demostró lo acertado que estaba mi pálpito, mi temor:

—Alguien ha disparado a Kennedy.

Una vez en casa, en Fort Lee, pusimos la tele y, como millones de estadounidenses, nos quedamos pegadas a la pantalla.

Dos días después Oswald, detenido el mismo día 22 y que se declaró a sí mismo «cabeza de turco», fue asesinado en los bajos de la cárcel municipal de Dallas justo cuando estaba siendo transferido a una celda de máxima seguridad en la prisión del condado. El hombre que le disparó mientras las cámaras estaban retransmitiendo el traslado en vivo para todo el país era aquel malhablado con el que yo me había cruzado en el hotel Riviera en Cuba y que se había puesto nervioso al verme en el motel de Dallas: Jacob Leon Rubenstein, conocido como Jack Ruby.

Le conté a mamá que yo había estado en Dallas y entonces ella informó a Frank Lundquist y Frank O'Brien, que vinieron a casa varias veces, me interrogaron y me enseñaron fotos en las que identifiqué a todos los que conocía. No pensé en aquello hasta quince años después, en 1978, cuando fui llamada a declarar ante el Comité Especial sobre Asesinatos de la Cámara de Representantes que investigó las muertes de John F. Kennedy y de Martin Luther King, y donde relaté lo mismo que he escrito aquí. No pensé demasiado en ello en los años posteriores porque aquel viaje fueron solo dos días de mi vida, y aunque todo el mundo dice que es muy importante, que yo estuve cerca de quienes lo ejecutaron, que tengo información del magnicidio, no sé nada más que lo acabo de contar. ¿Estuve cerca de ellos? Sí, pero nada más, porque siempre me mantuvieron al margen. Sé que Fiorini, los Novo, Bosch y el resto decían que deseaban que JFK estuviera muerto. Estoy segura de que no eran los únicos, pero son los únicos a los que yo oí.

6

SEGURA EN LA SELVA

En un país donde se puede matar a un presidente y que nunca se sepa toda la verdad de quién es el auténtico responsable del magnicidio, una vida no vale mucho, y menos la de alguien como yo, que me he relacionado con algunas de las fuerzas que se mueven en las sombras y para las que no hay fronteras entre lo legal y lo ilegal.

Al regreso del viaje a Dallas, y tras mi enésimo paso por Miami, había decidido quedarme a vivir con mamá en Fort Lee y conseguí un empleo en Prentice Hall, una editorial de libros educativos. Era mi cuarto trabajo *corriente* tras mi paso por la Pan Am, el brevísimo intento de ser camarera al volver de Cuba tras el episodio de las pastillas y un puesto que había conseguido en los años cincuenta pagando a los estibadores para la naviera en la que trabajaba *papa*, la Norddeustcher Lloyd. Pero pronto me quedó claro que sobrevivir no iba a ser tan sencillo como ir a una oficina y cobrar un sueldo. Un día en el trabajo sentí un toque en el hombro y cuando me volví vi a un par de detectives junto a mí y otros dos esperando; me pidieron que los acompañara, ante lo que mi primer pensamiento fue que algo le había pasado a Mónica. Me poseyó el terror y lo primero que acerté a hacer fue preguntar por ella.

—¿Dónde está mi pequeña? ¿Está bien?

Me tranquilizaron inmediatamente, pero no querían que alarmara a los otros empleados, así que me pidieron que saliéramos y una vez fuera del edificio de la editorial me dijeron que habían recibido un telegrama desde la oficina de un *sheriff* de Florida advirtiendo de que se encontraba de camino a Nueva Jersey un coche con cinco individuos que pretendían hacernos algo a mi hija y a mí. Mónica y yo volvíamos a estar en la diana, pero me resultaba imposible saber de quién. Enseguida pensé que volvía a ser Walters, el único que sabía con certeza que había intentado matarnos, pero podía tratarse también de los cubanos del exilio, incluso de Frank o de alguien a quien seguía incomodando que hubiera estado en ese convoy a Dallas.

Aunque aquel coche detectado por el *sheriff* fue detenido en algún lugar de Virginia, supe que, de nuevo, volvía a no tener paz y mi plan de empezar una vida serena, tranquila y normal se difuminaba sin que pudiera hacer nada ante una amenaza cuyo origen no podía siquiera determinar. Esa incertidumbre y lo real del peligro me hizo, a regañadientes, aceptar la protección que me ofrecieron las autoridades, que nos metieron en una casa vigilada en Nueva Jersey a mamá, a Mónica y a mí mientras investigaban. Lo que era supuestamente protección para mí se sentía más como una auténtica prisión, y aunque a mi madre le daban permiso para ir a trabajar, yo debía estar siempre ahí y no podía salir más allá del jardín. Fueron días y días, semanas, una primera experiencia de una vida tremendamente claustrofóbica y asfixiante en la que uno tiene que intercambiar la libertad por la seguridad y en la que seguir vivo tiene el precio de un aburrimiento agobiante y un hartazgo cuyo fin no está en manos de uno mismo.

Finalmente, tras varias semanas, me dejaron abandonar la custodia y recuperé mi vida, aunque no la tranquilidad, pues, pese a la investigación que se llevó a cabo, nunca me dijeron quiénes eran los tipos del coche que venían a atacarnos o quién los había enviado. Estaba otra vez en el mismo punto de partida.

Me mudé entonces una temporada con mi hermano Philip, que tenía un *brownstone* cerca de Central Park, me llevaba a sus conciertos y se encargaba de protegerme junto con JoJo y a mamá. Mi familia volvía a ser mi salvación, pero incluso con su ayuda me sentía perdida: dependía de ellos a mi pesar, no tenía dinero, no podía volver a Miami y no sabía qué hacer con mi vida. Quería ser invisible. Sin embargo, ahora tenía una hija y debía salir adelante, no ya solo por mí misma sino también por ella, y empecé a convencerme cada vez más de que el único camino que podía tomar pasaba por volver a ver a Marcos, explicarle todo lo que había pasado con Walters y buscar con él una solución. Para hacerlo tendría que ir a Caracas, donde estaba encarcelado, y Venezuela se convirtió en la meta: me marcharía allí con Mónica fuera como fuese.

Avisé a Frank Fiorini de mis planes y al oírlos, su franca conclusión fue que estaba loca, pero le aclaré que era la única opción que se me ocurría y que, además, a esas alturas no tenía ya absolutamente nada que perder. Aunque era plenamente consciente de que Walters no era mi aliado sino mi enemigo, lo llamé también para intentar conseguir que me diera dinero para financiar mi viaje; como ya debía de haber anticipado, me lo negó. Tuvo que ser mamá, una vez más, quien me ayudara. Se oponía a que me fuera y me dijo una y otra vez que era una mala idea. Sin embargo, acabó dándome el apoyo económico para que pudiera coger ese avión.

«Ten mucho cuidado en Caracas»

Cuando embarqué con Mónica, nunca tuve la sensación de que estuviéramos solas, siempre me pareció que había alguien observándonos y comprobé que eran algo más que paranoias o miedos infundados cuando, ya en la cabina del avión, inmediatamente antes de sentarse justo detrás de mí, un hombre se me acercó e, inclinándose hasta estar muy cerca, me dijo en un susurro:

—Ten mucho cuidado en Caracas.

La advertencia me pilló por sorpresa. ¿A quién o qué debía temer en una ciudad y un país donde no conocía a nadie? ¿De qué tenía que protegerme? No sabía quién era aquel hombre y nunca lo supe, pero consiguió que la inquietud se volviera mi compañera de viaje.

Al aterrizar, nada más bajar del avión, me rodearon cuatro hombres de la SIFA, la inteligencia militar venezolana, dos en uniforme y dos en ropa de calle. Sin hacer ninguna pregunta me instaron a acompañarlos, e inicialmente pensé que se trataba de un control rutinario, así que me esforcé por dejar claro que no llevaba nada que declarar. Expliqué, con absoluta honestidad, que había viajado a Venezuela para ver a Pérez Jiménez, pero no parecían interesados en nada que pudiera decirles y sí encargados de cumplir como autómatas las órdenes que les habían dado. Todo lo que hacían era ofrecerme monosílabos como respuestas y solo tras insistir varias veces en saber a dónde íbamos, me dijeron:

—¿No querías ir a ver a Marcos? Ahí vamos.

Me metieron en un coche con mi pequeña y nos llevaron directamente desde el aeropuerto hasta la cárcel Modelo, una prisión militar en plena ciudad, a los pies de las montañas del parque El Ávila. Allí me recibieron dos hombres vestidos de traje, muy educados y amables, con los que entré en la cárcel, una construcción que tenía en medio un bello jardín. Sabían quiénes éramos y de alguna manera habían sabido también cuándo llegaría con mi hija a Caracas, así que asumí que conocían también el motivo de mi viaje y, conforme íbamos subiendo por unas escaleras a la segunda planta y llegamos a una zona de celdas, pensé que me llevaban a ver a Marcos.

Me equivoqué. Me pidieron que esperara y apareció entonces alguien que se identificó como el capitán Durán, tras lo que los hombres trajeados abrieron la puerta de una celda y me hicieron pasar dentro con Mónica. No entendía qué estaba pasando o por qué me querían ahí encerrada, pero estaba tan agotada del viaje que ni siquiera pregunté nada y, simplemente, entré. Cuando el capitán Durán se llevó a Mónica y cerraron la puerta de la celda dejándome a mí sola dentro, entonces sí me asusté; empecé a llorar, a golpear los barrotes como una maníaca, como un mono enjaulado, y estallé en gritos.

—¡Capitán Durán! ¡Mónica! ¡Marcos!

Durante las horas que pasé encerrada sola en esa celda sentí una angustia que pocas veces antes o después he experimentado en mi vida, y no puedo ni siquiera decir cuánto tiempo transcurrió hasta que me sacaron de allí. Cuando lo hicieron y me llevaron a la oficina del capitán

Durán, del horror de lo peor que le puede pasar a una madre, que le quiten a un hijo, pasé a algo tan adorable y dulce como ver a ese hombre enorme cuidando de Mónica y haciéndole carantoñas. Seguí llorando, pero para entonces mis lágrimas ya eran de alegría, y pasé a sentirme totalmente segura.

Me dieron un bocadillo para comer, cogieron mi pasaporte y toda mi documentación y me preguntaron si quería volver a Estados Unidos. Aquello me hizo empezar a sospechar que quizá no había un plan tan predeterminado para mí en Venezuela como había pensado y que en realidad aquellos hombres no sabían qué hacer conmigo. Expliqué que, de momento, lo que necesitaba urgentemente era leche para mi hija y un sitio para dormir, y me trasladaron entonces a una bella *suite* en el hotel Ávila. Tanto en la cárcel como en el camino al hotel yo insistía en que necesitaba ver a Marcos, pero solo me contestaban con elusivos «mañana, mañana». Luego supe que había estado a solo a unas celdas de distancia de él y también que en aquella prisión los guardias que cuidaban del antiguo dictador habían sido especialmente elegidos por su odio hacia él: eran familiares de presos a los que su régimen había torturado.

Una vez instalada en el hotel me consiguieron la leche y una cuna, y trajeron también flores y fruta a una habitación en cuya puerta pusieron a un guardia. Me habían dejado además un diario en el que aparecía mi foto en la portada bajo el titular «Detenidas en Caracas la amante y la hija de Marcos Pérez Jiménez». Todo resultaba bastante extraño, pero no sé bien por qué no tenía ningún miedo y aquella noche dormí muy bien. Cuando desperté por la mañana, vino de regreso al hotel el capitán Durán con otros cuatro oficiales y me llevaron al Palacio de Miraflores, donde según me explicaron solamente querían hablar conmigo. Tras pasar una escalinata de mármol entramos a una gran sala con una mesa larguísima que estaba llena de militares uniformados, a los que saludé y que respondieron muy educadamente. Seguía sin tener miedo.

Sentada en medio de un lateral de la enorme mesa, bajo la atenta mirada de los militares y de Simón Bolívar, una de las personalidades venezolanas cuyos retratos adornaban las paredes, empecé a contestar a cientos de preguntas, una batería que empezó con el interrogante de por qué había viajado a Caracas, a lo que respondí, como había dicho ya tantas veces, que había ido para ver a Marcos. No hizo falta explicar nada más porque tenía a Mónica en mis brazos y su físico lo decía todo: era igualita a su padre, con esos rasgos que hacían evidente la sangre indígena que corría por sus venas.

El interrogatorio pasó también por Cuba y me preguntaron si había ido a Caracas para empezar una revolución, si pretendía llevar al país las ideas de Fidel... Obviamente sabían de mi relación con él, pero les tranquilicé aclarando que no tenía ninguna intención política. También debían de saber algo de mi trabajo con Fiorini y la Operación 40 porque me interrogaron sobre si había transportado armas a Venezuela, a lo que respondí con rotundas negativas. Intentaba explicarles que ahora mi hija era mi vida y que mis andanzas más controvertidas era ya asunto del pasado.

Tras la larga sesión de preguntas y respuestas me informaron de que debería firmar un papel comprometiéndome a no intentar de nuevo ver a Pérez Jiménez. Solamente así, me explicaron, me devolverían el pasaporte y sería libre de quedarme en Venezuela o de volver a Estados Unidos. Me veía ante una disyuntiva en la que ninguna salida era demasiado lógica ni atrayente. La única razón por la que yo había ido hasta aquel país era para ver a Marcos, para poder hablar con él, explicarle las traiciones de Walters e intentar buscar una solución o un camino hacia delante. Si firmaba ese acuerdo, se haría imposible y aunque podría quedarme allí, no tendría nada que hacer; además, no conocía a nadie ni tenía medios para mantenerme, pues mamá solo me había dado un poco de dinero extra aparte del coste del billete de avión. Si firmaba tendría luz verde para volver a Estados Unidos, donde alguien seguía amenazándome, no tenía trabajo, no quería depender de mi familia y tampoco veía futuro. De hecho, no quería regresar. En cualquier caso, y sin saber bien qué haría a continuación, firmé.

DE TURISMO EN VENEZUELA

Tenían ya mi compromiso de que no volvería a intentar ver a Marcos, pero no me devolvieron inmediatamente el pasaporte sino que me llevaron de vuelta al hotel Ávila. A las cinco de la mañana del día siguiente vinieron a buscarme y, solucionando mi falta de planes inmediatos, me informaron de que nos iban a llevar a mi pequeña y a mí «de turismo». Fuimos a un aeropuerto militar y embarcamos en una pequeña avioneta de la SIFA de solo cuatro plazas sin que yo tuviera ni la más remota idea de a dónde íbamos. Cuando preguntaba al piloto, que se presentó como Pedro Fernández, él me respondía: «Ya lo verás».

La idea de que los militares me llevaran de paseo turístico se me hacía extraña, y pensé que quizá desconfiaban de mis promesas de que no iba a tratar de ver a Marcos, que quizá querían tenerme controlada, que quizá querían esconderme, aunque ¿de quién? Como era imposible para mí tener esas respuestas, opté por entregarme al placer de descubrir desde el aire la dramática belleza de aquel país cuyas maravillas naturales siempre me había descrito con entusiasmo mi orgulloso amante venezolano. Justo tras sobrevolar el río Orinoco aterrizamos y me encontré en Ciudad Bolívar, a unos seiscientos kilómetros de Caracas, lo que luego supe que llamaban la última puerta de la civilización antes de que al sur la selva empezara a conquistarlo todo y se volviera una dominante reina.

Un coche nos esperaba. Nos llevó a una casa preciosa de estilo colonial rodeada de vegetación y jardín que parecía un pequeño oasis, donde había una mujer y un hombre mayor que cogieron mi bolsa y me llevaron a una habitación en la planta de arriba. Pedro me dejó allí y me dijo que tenía que irse a por combustible. No tenía razón para no creerle y no le pregunté cuándo volvería ni nada más, pero no regresó ese día, ni al siguiente, ni al siguiente… Cuando interrogué a mis anfitriones sobre él, me dijeron que siempre hacía lo mismo y que en algún momento aparecería de vuelta por allí, así que me dejé llevar una vez más y, mientras esperaba ese retorno, entré en una rutina agradable.

Desayunaba cada día con la señora de la casa, que era muy dulce y amable. Empecé a ayudarle en el jardín y en aquellos días de trabajo con la tierra se plantó en mí la semilla de un amor por la jardinería que nunca después me ha abandonado. Adoraba ver crecer las plantas y las flores. La señora me enseñó también a cocinar y aprendí desde a pelar ajos hasta cómo tratar alimentos tropicales como la yuca o el aguacate, y a preparar platos típicos como las arepas. Mientras, Mónica se pasaba el día jugando y aprendió a decir algunas palabras en español, y yo disfrutaba viéndola a ella y sintiendo por una vez que vivíamos libres de amenazas y tensiones. La casa no tenía teléfono así que no podía llamar a mamá para decirle que estaba bien y segura allí, y sentía algo de incertidumbre, claro está, pero no le daba demasiadas vueltas. Estaba decidida a no desaprovechar la primera oportunidad que tenía en mucho tiempo de llevar una vida cómoda y apacible, sin preocupaciones, por más que fuera consciente de que estaba viviendo una situación en la que nos encontrábamos de prestado.

No puedo decir exactamente cuánto tiempo pasé allí pero fueron por lo menos varias semanas hasta que un día, tal y como me habían dicho que sucedería, Pedro, el piloto, regresó sin aviso previo. Sin darme explicaciones de por qué no había vuelto antes, me hizo recoger mi maleta y despedirme de nuestros anfitriones. Lloré mucho en el adiós a aquella gente maravillosa que había sido tan buena con mi hija y conmigo y que nos había ofrecido la seguridad y la paz que tanto necesitábamos. Volvimos a embarcar en la pequeña avioneta de Pedro, que iba acompañado de un copiloto, y emprendió el vuelo sin que de nuevo yo supiera cuál era nuestro destino ni quién tomaba las decisiones sobre nuestra estancia en el país. Todo lo que me dijo es que iba a enseñarme Venezuela.

«NO SONRÍAS O NOS DEVORARÁN»

Durante el vuelo, el paisaje se veía mucho más verde y dramático que cuando habíamos ido de Caracas a Ciudad

Bolívar; de repente aparecían montañas de la nada y yo me quedaba maravillada, aunque también me molestaba la forma de pilotar de Pedro, que sin aviso hacía bruscos descensos y volaba peligrosamente bajo o mostraba su pericia en los mandos con maniobras y piruetas que yo sentía absolutamente innecesarias y que estaban asustando a Mónica. Llevábamos en el aire aún más tiempo que en nuestro primer viaje juntos cuando de repente oí un ruido. Pensé que había sacado las ruedas para aterrizar, pero Pedro o su copiloto me dijeron que era alguien lanzándonos algo, flechas concretamente. Miré hacia abajo y vi unas figuras pequeñas como hormigas; conforme Pedro iba bajando, la imagen fue aclarándose y ganando nitidez. Era gente de piel oscura, y al principio podría jurar que llevaban sombreros rojos aunque luego comprobé que se trataba de pintura de ese color en sus cabezas. Vi también que los niños que corrían junto a los adultos iban desnudos. Pregunté de quién se trataba y Pedro me dijo que eran indios.

—Son feos y brutos, e intentarán comernos. Cuando bajemos, no sonrías o nos devorarán —me avisó. Era un sádico.

Pude ver un claro de tierra entre la vegetación y pronto entendí que íbamos a intentar aterrizar ahí; aunque me parecía peligroso porque era un espacio demasiado pequeño, también pensé que Pedro debía de tener experiencia. Él, mientras, seguía empeñado en meterme miedo y me decía que por allí habían pasado mineros en busca de oro, pero que no quedaba nadie porque los indios se los habían comido.

Pese a sus macabros comentarios, podía más en mí el miedo a estrellarnos y sentí cierto alivio cuando tomamos tierra sanos y salvos. Nada más abrir la puerta vi a un grupo de niños desnudos corriendo hacia la avioneta. Estaba delante de una tribu de lo que luego sabría que eran indios yanomami, y quizá porque los pequeños eran mi primer contacto directo con ese mundo absolutamente desconocido no sentí ningún miedo. Es más, me sentí incluso afortunada de haber llegado a un lugar tan aislado y remoto, y de tener la oportunidad de conocer a unas gentes cuyo contacto con otros humanos, estaba claro, había sido mínimo.

Bajamos de la avioneta y empecé a caminar hacia una caseta, una rudimentaria construcción hecha con cuatro piezas de madera y un endeble techado, que vi que servía como una especie de bar pues había algunas botellas. Con las palabras de Pedro en la cabeza, yo me mostraba seria y no sonreía, pero mi pequeña Mónica se encargó de romper el hielo al ponerse inmediatamente a juguetear y reír con los niños yanomami. Pedro sacó de la avioneta mi bolsa de la Pan Am y otra pequeña donde llevaba pañales y cosas para Mónica que había ido comprando en una farmacia en Ciudad Bolívar, y luego se encaminó de vuelta hacia la nave, donde creí que se iba a sentar a esperarnos. Entonces dijo:

—Hasta luego.

Al principio no entendí. Al menos, no podía creer lo que estaba oyendo. Le empecé a decir que el sitio me parecía muy interesante pero que mi hija y yo nos marchábamos con él. No me dejó ni acabar.

—Volveré.

En ese momento verdaderamente me asusté. No era igual que cuando me dejó en la casa de Ciudad Bolívar asegurándome que se iba a por combustible. Aquí ni siquiera se estaba molestando en darme una excusa. Solo me ofrecía ese «volveré» que se me hacía imposible de comprender, de asumir. Cogí a Mónica y las bolsas, y me puse a caminar hacia el avión. Intenté forcejear con él para entrar pero me empujó diciéndome que no. Me faltaron las fuerzas para seguir en pie, me senté derrotada y rompí a llorar, y mi hija se sumó a mi llanto. Cuando vi a Pedro subir al avión volví a intentar entrar, pero el copiloto aguantaba la puerta desde dentro impidiéndome abrirla. Entre lágrimas, cayendo a cada instante más y más presa en las garras de la desesperación, rogué e imploré. Estaba aterrada y era incapaz de pensar con claridad, aunque todo en mí me decía que necesitaba subir a esa avioneta, volver con ellos a Ciudad Bolívar o adonde quiera que fueran a volar. Si no lo lograba, estaría atrapada. Nunca podría salir de allí sola.

Los motores empezaron a rugir y me vi forzada a alejarme con mi hija del aparato para protegernos. No podía evitar seguir llorando, cada vez más aterrada, y entonces tuve un momento de claridad y me di cuenta: alguien quería deshacerse de mí y abandonarme allí para que muriera. Nadie que yo conociera podía tener ni la más remota idea de dónde estaba, todo lo que sabían es que había volado a Caracas, pero no había hablado con nadie para avisar de que me habían trasladado a Ciudad Bolívar, y menos aún nadie podía saber que había llegado hasta esa selva que por segundos iba convirtiéndose en mi mente en un cementerio.

Estalló en mí el mayor sentimiento de desesperación que he vivido nunca, incomparable a ninguna otra angustiosa circunstancia de mi vida, ni siquiera mi paso por el campo de Bergen-Belsen. En todas las complicadas situaciones por las que había pasado hasta entonces siempre había habido una rendija por la que se colaba un rayo de esperanza, una grieta que me permitía pensar en una salida, en una forma de escapar o de sobrevivir. Sin embargo, esto era diferente. Sentí el abandono total.

El avión despegó y no pude hacer otra cosa que mirar y verlo alejarse entre lágrimas. Conforme se iba haciendo más y más pequeño, mi incredulidad iba haciéndose más y más grande. En ese aparato se iba mi vida, volando sobre la jungla. Fue el horror puro, y aún a día de hoy, si se le pregunta a Mónica, uno de sus primeros recuerdos es haber sentido, abrazada a mi pierna, cómo circulaba por mi interior el terror en su forma más pura.

Estaba hundida. Me senté y me quedé inmóvil. No sabía adónde ir y por un instante pensé que el piloto me estaba gastando una de sus bromas macabras y sádicas. Imaginaba que daría la vuelta y vendría a buscarnos, pero esperé y esperé, y no oí nada, solo insectos, monos y a niños jugando. Únicamente tenía lo que llevaba puesto y lo que había en mis bolsas, unos vaqueros azules, unas zapatillas de deporte, un biberón y los productos de la farmacia de Ciudad Bolívar. Mónica había llegado con unos pequeños pantalones de cuero y unas botitas blancas, y para cuando la miré, los niños yanomami le habían quitado ya todo.

Empezaron a llegar junto a mí los adultos, los hombres con calzoncillos tipo bóxer, las mujeres con una pequeña cuerda, una desnudez que ni siquiera me llamaba la atención. Aquella gente no sonreía ni tampoco hacían nada para que me sintiera mejor, pero creo que entendían que me habían dejado abandonada ahí. Una mujer se me acercó y me levantó mientras otras asentían con la cabeza. Me llevaron a otra rudimentaria construcción bajo la que pasaba el río con sus aguas totalmente marrones, donde pescaban y lavaban. Los hombres estaban tumbados en hamacas; una de las mujeres cuidaba un fuego junto al que había otra mujer despellejando a un mono y quemando el pelo del pellejo, que apestaba; otras pelaban yuca, bananas verdes, frutas... Hablaban entre ellas y yo, entre llantos, trataba en vano de comunicarme. Todos mis esfuerzos fueron inútiles, pero algo en mi interior empezó a decirme que, de algún modo, todo estaba bien y que esas personas no respondían a la imagen de monstruos salvajes que había intentado plantar en mi cabeza Pedro para atemorizarme. No sé cómo ni por qué, pero supe que no me iban a hacer ningún daño.

Fue cayendo la noche y todo lo que pude hacer fue llorar. Mi mente estaba en blanco y nada era silencioso, al contrario. Descubrí en esa primera noche allí que la selva produce un sonido atronador e incesante; pero pese a ese ruido salvaje constante y a la angustia, la aterradora angustia, estaba tan exhausta que caí rendida y me quedé dormida. Me habían ofrecido con gestos una hamaca. Yo la había rechazado y me había tumbado en el suelo sobre unas hojas.

Un hogar en la selva

Abrí los ojos antes de que saliera el sol, despierta por el ruido que los madrugadores yanomami empezaban a hacer con sus tempranas actividades. Las mujeres, por ejemplo, estaban preparando ya un fuego. Me despertó también la angustia. Seguía mirando al cielo, esperando inútilmente que reapareciera el avión. Hacía gestos a los yanomami, pero no estaba consiguiendo comunicarme, y me puse a caminar en círculos, sin saber con quién hablar ni cómo. Tengo pánico a las serpientes y me asustaba cualquier cosa que se moviera, y aquello estaba lleno de bichos, de insectos que empezaron a acribillarme. Asfixiada por un intenso calor húmedo y pegajoso que hacía que mi piel estuviera todo el tiempo sudorosa, y sin que corriese ni una brizna de brisa, intenté buscar refugio sentándome en una piedra junto al río y me dominaron entonces los sentimientos más tristes y angustiosos. Me sentía condenada y sola, perpleja y confundida, atrapada en una trampa que no sabía si me la habían tendido Walters o la CIA. Aquella jornada no comí prácticamente nada, solo unas raíces, una pequeña banana marrón que me dieron y un poco de pescado.

Tardé tres o cuatro días en ponerme enferma, me empezó a doler el estómago y empecé a tener diarrea, náuseas y dolores de cabeza muy intensos; estaba congelada de frío aunque hacía calor, temblaba irremisiblemente y no podía ponerme en pie. Aquellas horribles sensaciones por una parte fueron un alivio, porque estaba tan concentrada en el dolor que tuve que dejar de pensar en cómo salir de allí. Una mujer yanomami me mantuvo con vida haciéndome meter en la boca unas hojas que machacaba. Eran muy amargas, pero me acostumbré a masticarlas y me hicieron sentir mejor. Eran como mágicas, y cuando me las metía en la boca y empezaba a mascarlas tardaba solo unos minutos en sentir cómo se evaporaban los dolores. Poco a poco, ayudada por esos hierbajos, fui volviéndome a sentir viva otra vez y empecé a comer. Ya debía la vida a esa gente que Pedro me había descrito como incivilizada y salvaje.

Había perdido mucho peso, pero cuando recuperé las fuerzas comencé a ayudar en las actividades de las mujeres: buscábamos leña, la cortábamos y hacíamos fuego, y cocinábamos mientras los hombres seguían en sus hamacas, a menudo borrachos con un alcohol que fermentaban. Superé mi repulsión y empecé a comer carne de mono y de serpiente, y unos gusanos blancos que poníamos en pinchos al fuego. Intentaba también imitar a las mujeres en labores manuales en las que eran increíblemente diestras. Cogían hojas y, rascándolas con un artilugio afilado, las convertían en cuerdas con las que tejían cestas a una velocidad increíble. Lo que nunca supe es cómo identificaban las hojas con propiedades medicinales; las conocían todas. Cuando yo aparecía con arañazos o picaduras, se adentraban en la selva y volvían con hojas con las que preparaban ungüentos que hacían que mis heridas no se infectaran y sanaran, y encima ayudaban a que me abandonaran los picores.

Al principio yo había vivido bajo un enorme árbol, pero cuando llegaron las lluvias y las tormentas no fue suficiente para protegerme; debí de darles pena o inspirarles compasión, y me construyeron una especie de cabaña en una esquina bajo la estructura principal, una construcción alargada donde vivían y se reunían todos.

Aquella era mi vida y mi mayor satisfacción era que veía crecer a Mónica feliz y libre. Totalmente asilvestrada, correteaba descalza y jugaba todo el día con los pequeños yanomami, aprendió a pescar con flechas como los otros niños, jugaba a las carreras que organizaban con grandes insectos, tenía un mono que se había convertido en su mascota... Estaba integrada perfectamente como una más de ellos y mirándola solo podía pensar en que los niños son niños y en su mundo no hay odio o racismo, algo que los adultos tantas veces deberíamos intentar recordar. A veces también, cuando la veía entre esos niños, pensaba en su sangre indígena y llegaba a plantearme que quizá ese ADN era tan fuerte que había hecho que nuestro destino fuera volver a sus orígenes.

En aquella selva que se había convertido en mi hogar vi también un mundo diferente, lleno de una variedad inmensa de plantas y hojas, un mundo de siete orquídeas que me hizo recordar los días en que Marcos me hablaba de la flor nacional de Venezuela. Allí aprendí a creer en la ciencia de cada árbol, de cada planta y de cada gota de agua para mantenerme viva y libre de dolores. Los niños me enseñaron útiles lecciones como hacer un rastro con ramas cuando me adentraba en la jungla para saber regresar. Mi propia hija me enseñó mucho allí: ella no tenía miedo.

Tuve también un pretendiente. Su nombre era Catchu, un hombre no demasiado alto, como de 1,70 metros, con la piel muy oscura y grandes ojos muy redondos y también oscuros. Al principio solo me seguía, me miraba. Luego, por gestos, me indicó que me iba a hacer una hamaca, el regalo mayor que se puede hacer en la comunidad, una especie de compromiso de matrimonio. Yo no quería ni iba a casarme con él, pero agradecía su compañía y sus atenciones. El resto de la comunidad sabía que yo le gustaba, le permitían que me galanteara y a menudo nos dejaban solos. Él se me acercaba y me acariciaba suavemente el brazo o la mano, usando siempre gestos tiernos, nunca agresivos ni de fuerza, como los que demasiado a menudo acostumbran a realizar los hombres en el mundo supuestamente civilizado.

Aquella era una vida en cierta manera plácida, estaba satisfecha de seguir viva y al menos tener conmigo a mi hija, y empecé a pensar que quizá aquel era nuestro destino. Todavía quería irme, pero el paso del tiempo era mi enemigo cuando no tenía respuesta del cielo. Poco a poco fui rindiéndome y dejé de mirar hacia arriba; no recé porque no sabía qué rezar ni a quién. En el fondo nunca dejé de esperar que regresaran a buscarme y seguía confiando en que alguien se acordara de nosotras, en que a alguien le reconcomiera la culpabilidad, en que alguien sintiera pena por una mujer y una niña abandonadas en la jungla... Aunque en realidad no, creo que no; no tenía confianza en nadie. Si mantenía la esperanza era pensando en Marcos. Creía que él sería capaz de sacarnos de allí, que rescataría, si no a su amante, al menos a su hija. Solamente tenía que esperar a que saliera de la cárcel.

En vez de poner mis ilusiones en él debería haber sabido mejor quién durante toda mi vida se había preocupado siempre real y sinceramente por mí: mamá. Fue ella quien, tras varios meses sin tener noticias mías, se esforzó para localizarnos. Primero envió varios giros de dinero a mi nombre para que los recogiera en Caracas, y cuando no lo hice, supo que no seguíamos en la capital, el único sitio por donde tenía claro que habíamos pasado. Entonces se puso en contacto con Walters y con la CIA exigiendo saber dónde estaba, demandando que se movieran cielo y tierra para que alguien le diera pistas o explicaciones sobre qué había sido de su hija y su nieta. Nadie daba respuestas, pero mamá finalmente consiguió un contacto, nunca he sabido quién, que hizo averiguaciones y me localizó. Así, gracias a ella, un día apareció en medio de la selva una avioneta, no la de la

SIFA, que yo tanto tiempo había estado imaginando, sino de la Cruz Roja.

Cuando la vi llegar caí de rodillas en esa tierra que había sido mi hogar durante meses, quizá ocho o nueve, y lloré hasta que se me secaron los ojos. ¡Estaba tan feliz! Aquellos yanomami se habían convertido en mi familia y no quería dejarlos, y ahora me producía más miedo pensar a qué volvía que seguir viviendo en la selva, aunque también sabía que debía embarcar. Estaba hecha un desastre, llena de parásitos y picaduras, y con disentería, pesaba unos cuarenta kilos y apestaba. Mónica también tenía sus cicatrices. Debíamos irnos.

Empecé a abrazarme a esos hombres, mujeres y niños que habían sido nuestros salvadores y nuestros amigos y, con lágrimas en los ojos, me fui despidiendo de ellos. Se me encogió el corazón, sobre todo cuando me llegó el turno de decir adiós a aquella señora mayor que me había cuidado cuando caí enferma nada más llegar y que con sus hojas y hierbas me hizo sentir viva durante todo mi tiempo allí. Ellos me acariciaban la cara y mostraban una tristeza sincera. Catchu se quedó apartado, mirando hacia el suelo, poseído por la pena, y creo que se sintió rechazado. Hacía poco que acababa de terminar la hamaca para mí.

Dos de los hombres que acababan de llegar nos acompañaron a Mónica y a mí a la avioneta y en cuanto subimos supe que estaba segura, que iba a salir de allí y, una vez más, a sobrevivir.

En aquel vuelo nos dieron agua embotellada y unas pastillas que me dijeron que eran para la malaria y que me pusieron somnolienta. Los hombres iban hablándome y recuerdo que dijeron algo de «tu madre» y algo referente a una «investigación», pero no era ni consciente ni coherente para entender demasiado. Era como si todo mi ser estuviera rindiéndose después de haber peleado por mantenerse vivo. Y me colapsé.

Llegamos al aeropuerto de Caracas y allí mismo embarcamos en otro vuelo rumbo a Florida, no recuerdo si a Key West o a Miami. Nada más aterrizar nos ingresaron en un hospital donde nos hicieron numerosas pruebas, tras las que se me confirmó que había pasado la malaria, y que Mónica había tenido una infección por alguna picadura. Tiempo después, periódicamente, se le inflamaba de vez en cuando la nariz y tiene aún a día de hoy una marca que es la huella de esa parte de la infancia que pasó en la selva.

No es tan fácil

Desde el hospital llamé a Carlos Pulido, el antiguo coronel y amigo de Marcos, y lloré mientras relataba toda la historia de lo que me había sucedido. Él, su esposa y sus dos hijas vinieron a visitarme al hospital, igual que el capitán que nos había llevado a Marcos y a mí varias veces a Soldier Key en el *Flor Mar*, el barco de diez metros de eslora de Pérez Jiménez bautizado así en honor a su esposa. Quien no vino fue mamá, que estaba en Nueva Jersey, pero hablamos por teléfono.

—Es un milagro que estés viva. ¿Por qué te juegas la vida así? —me increpó.

—No quería, mamá... —acerté a responderle con un nudo en el estómago.

—¿Por qué no sientas cabeza?

—No es tan fácil...

—¿Por qué no creces? Gracias a Dios estás viva, pero nunca habrías salido de ahí si yo no hubiera llamado a *los chicos*.

No podía decirle nada y solamente lloraba. Lloraba porque era consciente de que mamá tenía toda la razón y si no hubiera sido por ella quizá habría muerto en aquella jungla, abandonada a los elementos no sé por quién, quizá por alguien que me consideraba un problema o un incidente internacional y quería que desapareciera o pereciera. Lloraba porque sabía que era un verdadero milagro que mi hija y yo estuviéramos vivas, lloraba porque me había jugado no solo mi vida sino la de mi pequeña, lloraba porque tenía la certeza de que debía dar otro giro de timón, pero no sabía ni siquiera cuál era mi barco. Lloraba y lloraba porque había pasado todo lo que había pasado y había sido en balde: no había conseguido lo único que quería, que era ver a Marcos.

Con el objetivo de difamar a Fidel, Alex Rorke ideó un artículo para el *Confidential* en el que mi madre denunciaba que Fidel había abusado de mí.

Con Frank Sturgis, el hombre que me introdujo en el mundo del espionaje. En 1972 fue detenido en relación con el escándalo del Watergate.

Sturgis, espía y contraespía estadounidense, durante su etapa como guerrillero en Cuba. Tras el Watergate se sintió gravemente traicionado por los mismos poderes para los que llevaba décadas trabajando.

Sturgis posando junto a Frank Nelson (con gafas), que se encargaba de las finanzas del espía y fue un gran entusiasta del «ejército» que se organizó para asesinar a Fidel.

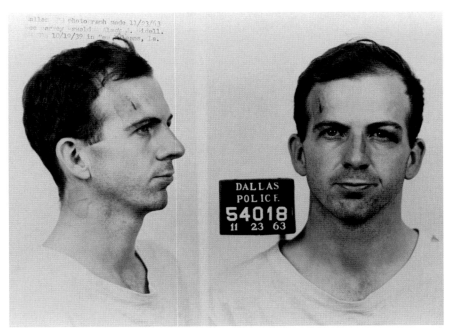

Lee Harvey Oswald, el presunto asesino de John F. Kennedy, fotografiado tras su detención. (© Corbis-Cordon Press)

Instantes antes de que Jack Ruby disparara a Lee Harvey Oswald a bocajarro en el estómago y eliminara así a uno de los testigos clave de la investigación del magnicidio. (© Corbis-Cordon Press)

Marcos Pérez Jiménez, antiguo presidente de Venezuela, fue el padre de mi hija, Mónica Mercedes Pérez Jiménez.
(© Cortesía Fundación Andrés Mata)

«Todo va a estar bien», me dijo Marcos cuando supo que estaba embarazada.

Con mi hija Mónica. Su padre no pudo pasar mucho tiempo con ella antes de que lo encarcelaran y extraditaran a Venezuela.

El día que enviaron a Marcos a Caracas quise despedirme, pero me esposaron al volante del coche para evitar que pudiera abrazarlo. (© TopFoto-Getty Images)

Saliendo de los juzgados de Miami con mi abogado Robert Montague cuando trabajábamos para frenar el proceso de extradición de Marcos. (©Bettmann/Corbis/ Cordon Press)

Seguía siendo la espía que, me gustara o no, siempre había sido. En la imagen, tomada en 1980, aparezco apuntándome para trabajar con los refugiados cubanos que llegaron a Estados Unidos ese mismo año.

Estampas
familiares en las
que aparecemos
Mónica, Mark,
Louis Yurasits
y yo.

A los 15 años, Mónica decidió enfrentarse a Sturgis por su cuenta. El 31 de octubre de 1977 se apostó junto a nuestro apartamento con una pistola de calibre 22 con la intención de «frenarlo».

Las armas me han rodeado siempre. Aprendí a usarlas muy pronto.

Junto a un agente e intérprete con el que trabajé en Fort Chaffe, Arkansas.

Durante un tiempo trabajé en el centro para tratar a jugadores compulsivos que fundó Valerie en Baltimore, Maryland.

Junto a los actores Gabrielle Anwar y Joe Mantegna, en 1999, durante el rodaje de *My Little Assassin (Mi pequeña asesina)*, basada en mi historia con Fidel.

En el salón de mi casa con algunas de mis mascotas —me encantan los animales— y una fotografía de mis padres de fondo.

7

MAFIA GIRL Y ESPÍA EN NUEVA YORK

Los Pulido, que me habían acogido después del atropello, se convirtieron de nuevo en mis anfitriones y guardianes durante cerca de un mes tras mi regreso de la selva y poco a poco fui readaptándome a una vida *civilizada* en la que me sorprendía todo, desde las bocinas y los semáforos hasta los teléfonos. Estaba de vuelta en Miami, una ciudad con demasiada historia para mí, demasiado pasado, demasiada gente conocida y demasiados percances. Yo ansiaba, como tantas otras veces, ser una persona anónima, simplemente la madre de Mónica, y aquel no era buen lugar para conseguirlo.

Así que decidí volver a Fort Lee con mi madre, que entonces vivía en el 206 de Wilson Avenue, e intenté llevar una vida corriente en la que me dedicaba a ver a mis hermanos, asistía a conciertos de Philip y trataba de conseguir un empleo y ser una ciudadana más… Aspiraba a ser, en definitiva, una mujer *normal*. Pero, también como de costumbre, no iba a resultar tan fácil como pensaba.

Constantemente me cruzaba con gente a la que habría sido mejor evitar, como Charlie *The Blade* Tourine, una figura de la mafia italiana, vinculado a la familia de los Genovese y cuyo clarificador alias hacía referencia a la hoja de la navaja que manejaba con maestría a la hora de enfrentarse a otros gánsteres o a deudores recalcitrantes. Era un hombre muy agradable al que había conocido en los días de mis aventuras marítimas, pues él trabajaba para Eddie Flynn, el jefe de los muelles de Nueva York, y juntos solían ir a los barcos de *papa*, que, tan ducho en las artes de la diplomacia como en los de la supervivencia, organizaba a veces cenas para el personal del puerto de la mafia y del sindicato AFL-CIO, y mantenía excelentes relaciones en ese mundo tan corrupto y tan bien retratado en *La ley del silencio* donde era mucho más conveniente llevarse bien que regular o mal. *Tío Charlie* había sido también uno de los hombres en La Habana de Santo Trafficante, para quien gestionó el Sans Souci, el club del hotel Capri.

Siciliano de nacimiento, Tío Charlie vivía en un lujoso apartamento en el 40 de Central Park South y en esos días en los que se empezaban a organizar *junkets* —paquetes de viaje para que la gente fuera a los casinos a apostar—, él era un jefe de jefes, encargado de todos los que llevaban jugadores a Paradise Island, en las Bahamas. Alguna vez me pidió que, mientras él se iba a esos viajes, me quedara en su casa cuidando del dinero que tenía allí, y en esas ocasiones avisaba a mamá de que me iba a hacer de *niñera* de pequeñas fortunas guardadas en cajas de zapatos y me trasladaba con Mónica a ese refugio de lujo junto al pulmón de Manhattan. Tío Charlie me pagaba por el tiempo que él estaba fuera. Hubo alguna ocasión en la que nos llevó a mi pequeña y a mí con él, y así es como pasé casi un mes entero en Paradise Island, donde vivía a cuerpo de reina y con todo lo que pudiera imaginar pagado, desde la *suite* hasta los paseos en barco, pasando por las entradas a los más exclusivos clubs y espectáculos nocturnos.

No tenía una relación sexual con Tío Charlie. Él era un mujeriego y había estado casado seis veces, pero no era mi tipo y él ni siquiera lo intentaba. Era un hombre demasiado solo que había pasado demasiado tiempo en la cárcel y quería tener a alguien cerca, alguien a quien abrazar. Sin embargo, no buscaba sexo, al menos no conmigo.

Incluso con todo lo que él ponía a mi disposición me aburría, aunque él estaba empeñado en que dejara atrás mi pasado lleno de turbulencias, sombras y aventuras demasiado arriesgadas y no quería que en ningún caso volviera a Miami, así que modificó una habitación de su casa en Central Park para convertirla en un cuarto para Mónica, que llenó de todas las cosas que el dinero podía comprar para cuidar y entretener a una pequeña. Una vez se me ocurrió bromear hablando precisamente de todo el dinero del que disponía y medio en broma medio en serio le pregunté si lo imprimía él mismo, pero no le hizo ninguna gracia y visiblemente enfadado me dijo:

—Nunca ¡nunca! toques dinero falso.

HUMBERTO, MI MARIDO GAY

Me esforzaba por convertirme en una ciudadana *respetable* y en una mujer apropiada, y gracias a Tío Charlie conseguí en esa época un empleo como recepcionista en el Statler Hilton, el mismo hotel en que me había alojado con Fidel cuando visitó Nueva York en abril de 1959. No sé cómo diantres logré mantener ese trabajo durante casi un mes, pues no tenía ninguna formación ni experiencia, pero lo hice, y en ese tiempo conocí a un cubano, Humberto Núñez Webster, un hombre de negocios que siempre llevaba un maletín y que venía constantemente a hablarme en la recepción aunque no era un cliente que se alojara en el hotel. Humberto era extremadamente atractivo, la cara más bonita que he visto en mi vida, y me gustaba mucho, así que salí un par de veces con él. Pronto me preguntó si me querría casar con él y, aunque el matrimonio no entraba en mis planes, en una ocasión en la que discutí con mamá, tuve un arrebato, me fui con Humberto al sur de Manhattan, donde se oficiaban los matrimonios civiles, y me convertí en la señora Marita Webster.

Primero vivimos con mi madre y luego nos mudamos al apartamento de mi hermano Philip, que estaba en una gira mundial. Allí, un día, abrí el maletín de Humberto y del interior cayeron joyas, identificaciones con distintos nombres, una pistola, ganzúas y otras herramientas que claramente me indicaban que sus «negocios» eran los robos. Cuando le confronté para que me diera alguna explicación, me replicó que no hacía falta que yo supiera nada. Me di cuenta en ese momento de que todo era un engaño, y de que yo no sabía realmente quién era ese hombre, qué hacía, por qué había tenido tanto interés en casarse conmigo. Él incluso llegó a confesarme que era homosexual y que no le gustaban las mujeres. Siempre he pensado que sus promesas de cuidarme en realidad escondían la pretensión de acabar sacando dinero a Marcos Pérez Jiménez.

Tras la confesión de su homosexualidad y el descubrimiento de su ocupación y de los engaños estaba claro que no seguiríamos juntos, pero aun así me dio un resguardo de una casa de empeños y algo de dinero y me pidió que fuera a desempeñar una cámara a una tienda en la Octava

Avenida, en el sur de Manhattan. Me fui allí y desempeñé
la cámara, pero al salir dos detectives del distrito policial
28, que estaban basados en el Harlem hispano pero opera-
ban en toda la ciudad por su trabajo especializado en robos,
me pararon, miraron lo que llevaba y me acusaron de que
la cámara era propiedad robada. Me asusté, aunque pude
explicarme ante los agentes y convencerlos de que había
sido enviada por mi marido; y, lo que fue más importante
aún, logré otra cosa: para encerrar a Humberto empecé a
colaborar con uno de aquellos detectives, John Justy.

Una o dos semanas después estaba saliendo con J. J.,
mi marido estaba en la prisión de Sing Sing, en el norte
del estado de Nueva York, y mi nuevo novio se ofreció a
testificar para que consiguiera la anulación del matrimonio con Humberto.

Mafia girl y disco kid

Amé a J. J. y debería haberme fugado con él y haberme
convertido en su esposa. El problema es que bebía mucho, demasiado. Era un alcohólico, y eso no lo podía soportar. Además, el noviazgo con él no fue ni mucho menos mi única relación sentimental en ese tiempo. Durante
el día dividía mi tiempo entre la casa de Tío Charlie y la
de mamá, que se había mudado de Nueva Jersey a Nueva
York y vivía en el norte de Manhattan, en el 305 de la
calle 86 Este; visitaba a personajes como Flynn, el jefe
de los muelles, y no hacía nada de auténtico provecho.
Mis noches, en cambio, empezaron a animarse mucho
y comencé a salir constantemente, sobre todo con una
amiga, Kathy, una *madame* de sangre *cherokee* que llevaba

uno de los negocios de chicas de compañía más potentes
de la ciudad y junto a la que me convertí en una auténtica
mafia girl y *disco kid*.

Hubo en esos días un capítulo triste. En 1966 supimos
que *papa* estaba grave en Alemania. Llevaba tiempo aque-
jado de un cáncer de hígado pero empezó a empeorar rápidamente, y aunque mi hermano Joe pudo ir para estar
con él, a mamá y a mí no nos dio tiempo. Planeamos el
viaje para ir en barco y antes de que zarpáramos llegaron
las malas noticias. *Papa* había muerto. Mi madre entró
en una profunda depresión y a mí me poseyó la tristeza. Intentaban consolarnos diciendo que la muerte nos
habría pillado en medio del mar, pero yo me odié por no
haber llegado a tiempo de despedirme de él. Jojo nos envió muchas fotos del funeral, al que acudieron destacadas
personalidades y en el que las banderas ondearon a media
asta, y aún se me encogió más el corazón. Fui a ver a toda
la gente que conocía a *papa* en Nueva York para darles la
noticia y recordarle juntos, pero en esos días fui incapaz
de acercarme hasta los muelles.

Pasé un tiempo de luto. Sin embargo, pronto mi vida
volvió a limitarse a un concepto, fiesta, y yo navegaba sin
dirección. Iba a todos los locales de moda y me pasaba las
noches bailando, y aunque no me drogaba, me bebí todos
los cubalibres y vodkas con naranja que quise. Era como
si quisiera festejar por todo el tiempo de mi vida anterior
en que no había podido hacerlo y olvidar los avatares por
los que había pasado. Salía sin freno, hasta las cuatro o
la cinco de la madrugada y más allá, y acababa las veladas en *afterhours* ilegales o en casas particulares. En esos
días flirteaba sin freno, sobre todo con gente de la mafia,
porque Kathy era amante de Stevie Gallo, el sobrino de

los tres hermanos Gallo, destacados integrantes de los Colombo, una de las cinco familias mafiosas de la Cosa Nostra en Nueva York, y nos movíamos en su círculo.

Mamá, que se quedaba por las noches cuidando a Mónica, se enfadaba muchísimo conmigo pero no podía controlarme, ni en las salidas ni en mi agitada vida sentimental, en la que tuve multitud de novios, muchas veces hombres que usaba solo para mi satisfacción y en los que mi corazón no echaba raíces. Lo llamábamos, en broma, «follar y tirar». Yo quería encontrar al hombre adecuado, pero a esos no es habitual hallarlos en bares, clubs o *afterhours*. Todos eran como juguetes y todo el mundo jugaba con todo el mundo. Yo era joven y bella, y quería que me desearan; cuando conseguía a los hombres, ya no los quería, un juego que sé que no era bueno pero con el que me entretuve a menudo, sobre todo con mafiosos. Salí con algunos de medio pelo, aunque también con varios que estaban más arriba en las familias, como Tommy *Tea Balls* Mancuso, o como un Gallo vinculado a la familia de los Colombo que años después moriría en la cárcel pero que conmigo era dulce y adorable, uno de mis amantes favoritos.

«La Mata Hari del Caribe»

Aquellos días eran un tiempo muy diferente a hoy, me relacioné con todo el mundo y, aunque pueda parecer paradójico, con la mafia me sentía segura. Era feliz y estaba relajada por primera vez en mi vida. Se me trataba muy bien y en buena parte era porque había corrido la voz de lo que había hecho en Cuba, sacando de la cárcel a aquellos tipos apresados por Fidel. Aquello me había hecho

ganar el apodo cariñoso de «la Mata Hari del Caribe»,
que aún usan hoy, y bromeaban a menudo diciendo que
sin mí no podía haber una fiesta. Perduraba también el
agradecimiento y, además, me cuidaban porque me con-
sideraban de fiar y sabían que podía mantener secretos.
Yo entendí cómo funcionaba todo con ellos, desde res-
petar el domingo, que era el día familiar que los italianos
pasaban con sus esposas y sus hijos, hasta cumplir lo que
se esperaba de una novia de la mafia: estar bella y lista
para salir cuando lo quisieran y enviasen el coche a buscarme. A cambio, ellos se mostraban galantes y respetuo-
sos. A mi madre le horrorizaba con quién me relacionaba
y a veces me preguntaba si me daba cuenta de con quién
estaba saliendo. Pero incluso a ella le tenían cariño. Le
llamaban *mamma* y a menudo llenaban su casa de flores,
dulces y regalos, desde televisores hasta café o pistachos
que eran parte de la carga de camiones que robaban. Incluso tuvimos que conseguir una nevera para poner toda
la carne que nos regalaban.

Yo conocía normas no escritas, como que chivarse a la
policía era una sentencia de muerte, que nunca mezcla-
bas a unos con otros y nunca decías o hacías nada que les
pudiera incriminar, y que si acababan en la cárcel les demos-
trabas tu lealtad enviándoles cartas o mandándoles paquetes. Supe, además, ganarme su confianza en asuntos
mucho más serios: podían disparar a alguien delante de ti
y tú sencillamente mirabas para otro lado y te ibas, nunca
repetías nada de lo que habías oído, no escuchabas. Solo
tenía que aplicar aquella regla y filosofía de supervivencia que se me había quedado grabada en nuestro sótano
durante la guerra en Alemania: «No hables, no pienses,
no respires».

Más honrados que la CIA

Los mafiosos se movían con un código que me inspiraba mucha más confianza que la CIA, que a mí me había enseñado a mentir más a que a decir la verdad, y los padrinos eran auténticos caballeros de los que uno se podía fiar, gente para quien la palabra dada es honor y donde hay más respeto y menos doblez que en «la agencia».

Solía salir sobre todo con mafiosos italianos, pero bailando en una discoteca conocí una noche de 1967 a Edward *Eddie* Levy, un peso pesado de la Kosher Nostra, la mafia judía. Estaba casado, aunque eso no fue impedimento para que nos convirtiéramos en amantes. Con él entablé una relación fabulosa y duradera, llena de cariño. A pesar de que la mafia italiana no estaba demasiado contenta con mi relación con alguien de la Kosher Nostra, la respetaron, y Eddie me quiso y me cuidó mucho; además de mimarme con regalos como un anillo de diamantes de treinta y seis mil dólares, se esforzó, como Tío Charlie, por intentar redirigir mi vida y que hiciera algo de provecho, un empeño que demostró con gestos como pagarme todo un año de matrícula en la Eastern School for Physicians, un centro donde se educaba a ayudantes médicos, en el que estuve entrando y saliendo. Mi constancia en los estudios, que nunca había sido uno de mis fuertes, era aún más débil en esa época.

Fue Eddie también quien me pagó el billete a Madrid para que fuera a ver a Marcos. En agosto de 1968, Venezuela había excarcelado a Pérez Jiménez, que escogió España como destino para su exilio, y aunque yo había estado bombardeándole con cartas los cinco años que pasó en la cárcel nunca supe si le llegaron y nunca obtuve respuesta, y fue solamente después de que quedara en libertad cuando por primera vez conseguí hablar por teléfono con él, cuando ya estaba en Madrid alojado en un hotel. En cuanto me pasaron con Marcos abrí unas compuertas que dejaron escapar un torrente de lamentos, la narración del abandono en la selva, el recordatorio de las maldades y la traición de Walters... Mónica se puso al teléfono y por primera vez pudo hablar con su *papi*, y quedamos en que iría a Madrid para verle. Fue una conversación emocionante y tierna. Mamá la grabó, pero alguien, nunca supimos exactamente quién ni cómo ni cuándo, robó la cinta. Quizá fuera la CIA.

Dejé a Mónica al cuidado de mamá y, con el billete pagado por Eddie, llegué a España y me alojé en el hotel Intercontinental de Madrid, muy cerca de donde estaba Marcos. Nada más llegar, hablé con él de nuevo por teléfono y quedamos para el día siguiente. Contenta y satisfecha, bajé a la tienda del hotel para comprar uno de esos chalecos de bolero, con borlas, que entonces estaban de moda. Por fin iba a poder reencontrarme con Marcos. Dormí feliz, bajé a desayunar y lo último que podía imaginar era que alguien, otra vez, iba a encargarse de que nada me saliera como había planeado. Debieron poner algo en mi comida porque pasé horas y horas dormida en el hotel, un sueño forzoso que me dejó noqueada durante dos días. Cuando me recuperé, me di cuenta de lo que estaba pasando e intenté llamar a Marcos, pero ya no hubo respuesta en el hotel y telefoneé a mi madre para contarle que me habían seguido y que alguien me estaba haciendo algo. No sabía quién estaba detrás de lo que estaba ocurriendo pero pensé que probablemente se tratara de la esposa de Marcos, que me odiaba y odiaba a Mónica, o de alguien relacionado con ella, aunque también me pasó por la cabeza que el acoso podría ser obra de alguien del Gobierno estadounidense.

Fuera quien fuese me estaba enviando un mensaje y era imposible no captarlo: tenía que irme. No quería volver a pasar por tanto miedo, por tanta sensación de inseguridad e incertidumbre, y mucho menos que lo sufriera mi hija. No merecía la pena arriesgar mi vida de nuevo y dejar a Mónica sin madre, así que me monté en un avión y volví, decepcionada, desilusionada y frustrada, a Estados Unidos. Cuando llegué, Frankie Gio, otro de mis novios vinculado a la mafia, que apareció en las películas de *El Padrino*, me advirtió de que no intentara volver a ver a Marcos porque, de hacerlo, alguien iba a intentar que yo desapareciera del mapa.

La difícil llegada de Mark

Tras el fracaso del viaje, mamá volvió a ser mi soporte, mi refugio y, como después del primer regreso de Cuba, mi puerta a una colaboración con las autoridades federales de Estados Unidos. Mónica y yo vivíamos con ella en su casa del Upper East Side, un apartamento en un edificio del que se encargaba un hombre llamado Louis Yurasits. Mi agenda sentimental estaba bastante llena, pero cuando Eddie decidió llevarse a su esposa varios meses de crucero por todo el mundo me enfadé con él y, casi como si fuera una venganza, empecé una relación sentimental con Louis. Él y mamá me presentaron a Al Chestone, *Tío Al* a partir de entonces, un hombre al que solamente puedo definir como un estilo de vida en sí mismo. Pronto pude saber que era un agente del FBI bajo cuyas órdenes Louis, en apariencia un mero superintendente, se encargaba de espiar. Tío Al sugirió que Louis y yo nos convirtiéramos en un equipo, fui reclutada y empezó para mí un trabajo de cinco años para la Oficina Federal de Investigaciones.

El primer requisito fue pasar por todo un periodo de entrenamiento a manos del FBI, pero, mas allá de cuestiones profesionales, Tío Al, ferviente católico, se preocupaba también de mis temas personales y quiso que me casara con Louis. Me había quedado embarazada y mi nuevo padrino del FBI quería que el bebé tuviera un nombre.

El nacimiento de mi segundo hijo, que llegó el 13 de diciembre de 1969, fue muy difícil. Yo presentaba placenta previa, esto es, una complicación surgida durante el embarazo que consiste en un crecimiento de la placenta hacia la parte baja del útero, con lo que el cuello uterino queda cubierto, impidiendo la salida del bebé durante el parto. Tuve también preeclampsia y sufrí un microinfarto. El bebé llegaba pesando casi cinco kilos y además venía con los pies primero, así que tuvieron que hacerme una cesárea de emergencia. Me puse a gritar cuando empecé a oír que el personal médico hablaba de sufrimiento fetal agudo y el pavor me dominó cuando supe que mi bebé no respiraba tras nacer. Llegaron incluso a cubrirlo con una sábana blanca pero, por suerte, el pequeño orinó y así supimos que había sobrevivido, aunque tendría que pasar luego una semana en una incubadora.

Afortunadamente me habían ingresado en el Hospital Columbus, en Midtwon, que en esos días tenía los mayores avances en reanimación de la ciudad. Yo podía oír a mi madre fuera de la sala donde yo estaba, llorando. La acompañaban varios de mis amantes, J. J., Frankie Gio, Tommy *Tea*, Eddie... Y los oía discutir atribuyéndose todos la paternidad, un momento que me provocó mucha ternura. De hecho, bauticé a mi hijo Mark Edward, un homenaje en el segundo nombre a Eddie, que había perdido a una hija por un tumor cerebral. Él insistía en que el bebé, pelirrojo como él, era suyo, pero yo sabía que era de Louis. Solo tenía que hacer las cuentas de los meses que mi amante de la Kosher Nostra había pasado fuera del país de crucero.

En aquellos días había tres meses de plazo para rellenar el certificado de nacimiento, y ese era el tiempo que tenía para dar un apellido oficial a Mark. Tío Al logró que las autoridades pagaran a Louis el billete para ir a México en uno de los llamados *vuelos de la libertad*, desplazamientos *express* al país vecino en los que se conseguían los divorcios más rápido que en Estados Unidos. Acompañé en ese viaje a Louis, que aún estaba casado, logramos el divorcio de su matrimonio anterior, regresamos a Nueva York y, en una ceremonia civil, nos convertimos en esposos el 28 de febrero de 1970. En el certificado de nacimiento de mi hijo escribí Mark Edward Yuratsis. Pronto se ganaría el apodo de *Beegie*, en recuerdo de unas linternas chinas que me habían regalado para poner sobre la cuna en forma de abeja, *bee* en inglés, el primer sonido que oímos de él.

Pese a que tenía la paternidad de mi hijo clara, me partía el corazón negársela a Eddie y le dejé que diera rienda suelta a su empeño de actuar como padre. Orgulloso, se llevó a Mark cuando tenía solo tres o cuatro meses a uno de los locales de reunión de mafiosos y lo presentó como «mi chico». En esos días también quería matar a Louis, al que odiaba y llamaba «bastardo húngaro», y hasta llegó a poner cincuenta mil dólares encima de una mesa para que desapareciera de mi vida. Mi marido los rechazó.

Distintos tipos de ratas

Casados y al cuidado de nuestro bebé y de Mónica, Louis y yo, una vez entrenados, recibimos la misión del Tío Al: en el número 250 de la calle 87 Este, la compañía Glennwood Management iba a inaugurar un nuevo edificio, un rascacielos de apartamentos de lujo con piscina en la planta superior donde el FBI aspiraba a tener todos los ojos posibles, pues allí se iban a instalar varias familias de misiones diplomáticas ante Naciones Unidas tanto de la Unión Soviética como de países de su órbita, como Bulgaria o Albania, que, por ejemplo, alquiló la planta 21 completa. Antes de que los inquilinos se mudaran, se iban a instalar micrófonos en las casas y Louis y yo debíamos ocuparnos de complementar el espionaje y recabar toda la información posible, así que nos mudamos a un bello apartamento del edificio y nos dispusimos a empezar a trabajar en nuestra misión, por la que el FBI me pagaría quinientos dólares semanales, aunque a veces, dependiendo de diversos factores, podían ser más.

A punto estuve de no poder cumplir con el trabajo, y fue por una cuestión de ratas. De dos tipos de ratas. A principios de 1971 llevábamos poco tiempo instalados en el edificio cuando una noche Beegie, que entonces tenía trece meses, rompió a llorar. Se reavivó mi eterno miedo a que alguien estuviera intentando quitarme a mis niños o hacerles daño, y cogí mi pistola; cuando me acerqué a la cuna, vi que mi pequeño tenía sangre en la boca y, horrorizada, me di cuenta de que se había quedado dormido con el biberón, las ratas habían olido la leche, habían ido hasta la cuna y habían mordido no solo la tetina sino el labio de mi hijo. Lo primero que hice fue llevarlo a emergencias del Metropolitan Hospital, donde lo ingresaron y comprobaron que tenía fiebre por mordedura de rata, una afección seria que le paralizó el estómago y que le dejó secuelas que aún hoy le causan problemas. Cuando volví a casa, encolerizada, culpé a Louis, disparé al aire acondicionado y juré y perjuré que iba a demandar a los constructores del edificio. Por las prisas por acabar la construcción y alquilar las casas para el espionaje de los inquilinos habían hecho parte de las obras a toda prisa y, entre otras cosas, no habían cerrado bien los agujeros del aire, por donde no me cabía ninguna duda de que habían entrado las ratas que habían atacado a Mark.

No mucho tiempo después, un día que estaba en el ascensor, vi acercarse a un hombre que se metió justo cuando las puertas se estaban cerrando, como suele suceder en las películas.

—¿Qué estás haciendo? ¿Creando problemas? —me espetó con ademán amenazador.

—¿Quién eres? —inquirí un tanto cansada.

—Puedes morir muy rápido si no dejas de molestar —dijo, y apretó entonces el botón de la última planta, donde estaba la piscina, aún sin acabar. Cuando la puerta se abrió me salió la fiera que sé que puedo llevar y llevo dentro, esa mujer que en los pantanos de Florida había sido capaz de mantener a raya a decenas de hombres como él, soldados que llevan el mal en el rostro y lo diabólico en sus ojos, y le dije:

—¿Qué vas a hacer ahora? Apártate.

Me contestó con el clásico «¿sabes con quién estás hablando?», pero tampoco me amilané y repliqué:

—¿Sabes tú con quién estás hablando? Basta de jueguecitos. Abajo.

Luego pude ponerle nombre y apellidos: era Guisseppe Pino Fagiano, un matón que trabajaba como *músculo* para la mafia siciliana y que la compañía dueña del edificio contrataba para echar inquilinos que pagaban bajos alquileres de *brownstones* o para quemar esas construcciones y así hacer espacio para sus rascacielos. La del ascensor fue la primera vez que lo vi en mi vida, aunque no sería la última. De hecho, Pino se convertiría en otro de mis amantes.

Basurología

Pese al incidente de las ratas y con Pino, la misión siguió adelante. Entre las labores que yo realizaba estaba, por ejemplo, bajar al cuarto donde acababan las basuras y recuperar de allí cartas o documentos que los inquilinos pudieran haber tirado, algo que rara vez hacían los soviéticos pero en lo que eran mucho más descuidados los albaneses. Subía las basuras a casa, donde había convertido uno de los baños en una especie de oficina de espionaje, insonorizada y con una gran mesa encima de la taza y una lámpara, marcadores y cintas especiales. Cuando encontraba alguno de esos papeles troceados me dedicaba a reconstruirlos como si fueran puzles y por las mañanas se los entregaba a Tío Al, que solía venir muy temprano y antes de hacer la recogida de documentos o encargarme nuevas tareas me ayudaba cuidando a Beegie y hasta cambiándole los pañales mientras yo me duchaba.

Realizaba también parte del espionaje fuera del edificio y tenía el encargo de apuntar las matrículas de los coches que llegaran o anotar qué personas entraban y salían. El FBI había cogido también un apartamento al otro lado de la calle, en los apartamentos Mayflower, para tomar fotografías de las visitas y a veces me sorprendía lo despreocupados que eran: una vez tuve que decirle a Tío Al que les advirtiera de que no encendieran cigarros por la noche mientras hacían guardia y tomaban fotos porque, pese a las cortinas venecianas instaladas en las ventanas, se los podía ver perfectamente.

Más allá del trabajo me sentía bien estando casada con Louis, y en esa época experimenté una sensación de seguridad que no había tenido nunca antes y no he vuelto a tener después. Me sentía protegida y, además, tenía un padre para Beegie y un padrastro para Mónica, aunque mi hija se acabó mudando con mi madre, a la que había conseguido un apartamento en un *brownstone* también en la calle 87, al lado de mi edificio. A mamá no le gustaba en exceso Louis, pensaba que era un bruto pese a que era ingeniero, y actuaba como una suegra desagradable aunque lo toleraba. Siempre creí que para ella nadie con quien yo estuviera era lo suficientemente bueno, pero para mí había algo tan confortable en mi vida con Louis que hasta renuncié a varios amantes, al menos durante un tiempo.

ESPÍA Y TAMBIÉN POLICÍA

En esos años en que la guerra fría seguía a plena máquina, no había bando que no fuera consciente de estar bajo el espionaje del otro y los inquilinos soviéticos, con los que Louis y yo habíamos establecido relaciones amistosas muy buenas que hacían que la casa se llenara de regalos como vodka y grandes latas de caviar, eran extremadamente cautos. Como pasaban buena parte del día en Naciones Unidas o en sus consulados y misiones, dejaban los apartamentos preparados con cables, harina o cualquier otro polvo para saber al regreso si alguien había entrado, y así fue como un par de veces detectaron intrusiones que denunciaron a la policía. Para evitar incidentes diplomáticos había que investigar las denuncias, y esa fue la razón por la que acabé uniéndome también al Departamento de Policía de Nueva York como auxiliar: sentada en una división dedicada a recibir quejas de la actividad criminal, era la encargada de coger llamadas, así que cuando la misión soviética telefoneaba para denunciar que alguien había entrado en sus apartamentos era yo misma la que recibía esa llamada, y se podía organizar el teatro que calmara a los soviéticos con la apariencia de que se estaba investigando, aunque en realidad la denuncia se enterraba.

Aquellos días eran también el momento de máximo apogeo del movimiento del Ejército de Liberación Negro y tuvimos a algunos de sus integrantes en el edificio. Louis no quería inquilinos negros porque sentía que tener que ocuparnos de vigilarlos podía interferir en una misión centrada sobre todo en el espionaje a los soviéticos; pero para mí, en cambio, no había inconveniente en *ampliar horizontes*. Un día usé la llave maestra de Louis para entrar en un apartamento, donde encontré mucha literatura referente al movimiento, que había surgido precisamente después de que el FBI hubiera conseguido infiltrarse en los Panteras Negras. Vi que en la casa también había casquillos de bala y se apoderó de mí un instinto automático de meterme algunos en el bolsillo. Cuando fueron analizados se descubrió por sus marcas que habían sido hechos con el mismo equipamiento de recarga de balas que los proyectiles que se habían usado para matar a dos policías, Joseph Piagentini y Waverly Jones, en un sonado asesinato el 21 de mayo de 1971.

No solo había descubierto una pista clave para hallar a los asesinos de los dos agentes, sino que aquello iba a representar para mí la entrada en otra aventura, en ese terreno en el que tiempo atrás me había movido como pez en el agua, aunque últimamente hubiera sido una chica relativamente buena: el de los amantes. Como el caso del Ejército de Liberación Negro caía en manos de la División de Crimen Organizado, Tío Al organizó una reunión para que me viera con uno de los inspectores de ese departamento, al que debía encontrar un día a las diez de la mañana en el restaurante Leo's Diner en la calle 86 Este. Tenía instrucciones de buscar a un tipo grande con ojos azules que iría vestido con ropas de civil. Cuando llegué y lo vi, lo primero que le dije fue:

—No quiero trabajar para ti, prefiero hacer el amor.

Él intentó cambiar la conversación preguntándome si quería café, té, un donut o algo para desayunar, pero se había desatado algo irrefrenable en mí e insistí:

—Solo te quiero a ti.

El capitán Frank Xavier Smith, que en esos días de rampante corrupción policial trabajaba también para Asuntos Internos, resistió mis embestidas, me dio su tarjeta y nos dijimos adiós, pero cuando volví a casa y a mi marido supe que me había metido en problemas: no me podía sacar de la cabeza a aquel hombre al que acababa de conocer y al día siguiente le llamé.

—Esta es tu fuente invisible, la que no aceptó el té. Quiero verte. Es trabajo —le dije.

No tenía en realidad ninguna intención de trabajar y diría que él tampoco, porque me citó en un hotel Marriot y aquel mismo día empezó una relación que mantendríamos durante los quince años siguientes.

8

EL REGRESO DE FIORINI, MI PROPIO WATERGATE

Los siguientes años los pasé encajando las piezas de mi vida con toda la normalidad que era posible dentro de lo complejo del puzle y, aunque aspiraba a ser una persona normal, era una mujer y muchas a la vez: espiaba de día, trabajaba con la policía de noche y hacía equilibrismo entre la vida familiar y la de mis amantes. Amaba a Frank Smith, no quería hacer daño a Eddie, no podía dejar a Louis y estaba dedicada profesionalmente al Tío Al. El descontento de mamá con todas y cada una de mis relaciones era un obstáculo, y mis aventuras habían dañado también mi matrimonio con Louis, que había empezado a tener un *affaire* con una mujer del edificio, infidelidad ante la que yo, obviamente, no podía decir nada. Pero todo aquello se iba a demostrar muy nimio comparado con lo que iba a pasar entonces.

Usando por aquel entonces su apellido materno, Sturgis, Frank Fiorini fue arrestado el 17 de junio de 1972 junto con Virgilio González, Eugenio Martínez, Bernard Barker y James McCord por la intrusión en las oficinas de campaña del Partido Demócrata en el edificio Watergate, donde habían entrado para retirar unos micrófonos mal instalados. En enero del año siguiente, 1973, fueron condenados junto a Gordon Liddy y Howard Hunt, el hombre a quien en mis días en Florida yo había conocido como *Eduardo*.

Conduje hasta la penitenciaría estatal de Danbury, en Connecticut, para intentar verlo, pero me dijeron que había sido trasladado a una cárcel de Washington DC, así que regresé a Nueva York. A través de Hank Messick, un periodista que solía escribir sobre la mafia que había firmado una biografía sobre Meyer Lansky y que era conocido de Louis, conseguí el número de Frank en la cárcel y pronto volví a escuchar de nuevo aquella voz falsa y de mala muerte. Lo primero que le pregunté fue qué le había pasado exactamente a Alex Rorke, porque estaba segura de que él tenía las respuestas sobre su desaparición una década antes, afectaran estas al Gobierno estadounidense y a la CIA, al exilio cubano, a la mafia, a Fidel o a él mismo. Pero no parecía interesado en hablar de aquello. Lo que quería era saber si yo tenía alguna influencia para sacarlo de allí, si podía ayudarle a salir a través de alguien de mi entorno, de mis amigos de la mafia o de cualquier otra forma.

—No puedo ayudarte, esto no es un robo en una armería, esto es mucho mayor. ¡Es la Casa Blanca! —le recordé—. Además, ¿dónde estuviste tú cuando necesité tu ayuda para lidiar con Walters en Miami?

Sturgis pasó trece meses encarcelado y durante el tiempo que estuvo en prisión se acrecentó en él la sensación de haber sido traicionado, la rabia por haber sido abandonado por los mismos poderes para los que llevaba décadas trabajando. A mí, mientras, la CIA volvió a intentar reclutarme. Recibí en nuestro edificio la visita de John Effenito, un agente que quería que dejara mi trabajo con el FBI y volviera a trabajar para «la compañía». Alegaba que debía hacerlo en nombre de la seguridad nacional para colaborar en algo relacionado con la investigación del Watergate. Sus visitas al edificio ponían en peligro mi misión y se lo conté a Tío Al, que un día paró a Effenito en el vestíbulo del edificio cuando venía a verme, le dijo que ahora trabajaba para ellos y logró que me dejara en paz.

ESTADOS UNIDOS, UNA CAJA DE PANDORA

El Watergate fue la ola más potente de lo que era en esos momentos ya un auténtico *tsunami* que sacudía Estados Unidos, un país donde tras los asesinatos de los Kennedy, ese escándalo y el consiguiente colapso de la Administración de Richard Nixon se había abierto la tapa de una verdadera caja de Pandora.

Se ha hablado muchas veces de que en aquellos días el país perdió la inocencia, y lo cierto es que habría resultado imposible mantenerla una vez que empezaron a salir a la luz los incontables abusos de la CIA y el FBI, vínculos con la mafia que llegaban hasta las más altas instancias del Gobierno y conspiraciones urdidas en la sombra pero con la participación confirmada de Washington para matar a líderes extranjeros, desde Fidel en Cuba hasta Patrice Lumumba en Congo o Rafael Trujillo en la República Dominicana. Todo era extremadamente fangoso aunque empezaba a demostrarse con pruebas irrefutables, lo que hacía más y más plausible la idea de que nada en el asesinato de JFK había sido cómo se había contado hasta entonces. En esos días comenzaron a prodigarse las investigaciones, como la denominada Comisión Rockefeller, que en 1975 intentó arrojar luz, entre otros asuntos, a determinados aspectos del magnicidio, o las que acometió también en 1975 el conocido como Comité Church en el Senado, que dedicó uno de sus catorce informes a relatar el plan del director de la CIA Allen Dulles, aprobado por Eisenhower, para usar a la mafia siciliana en su intento de matar a Fidel.

Para las fuerzas que habían estado moviéndose hasta entonces en la sombra, sin duda Sturgis debía de ser una de sus peores pesadillas, un hombre con mucho que decir o mucho que callar y acostumbrado a actuar según le conviniera, algo que le hacía tan impredecible como peligroso, especialmente después de que lo hubiesen metido en la cárcel y le hubieran hecho sentir traicionado. Como yo pude comprobar, seguía siendo también un egoísta movido solo por su propio interés y un auténtico soldado de fortuna, y cuando diseñó una estrategia que combinaba la *vendetta* y la búsqueda de beneficio económico contó conmigo como un peón al que no importaba sacrificar.

Expuesta

Un día de mayo o junio de 1975, Manny Rodríguez, el portero de nuestro edificio, me dijo que un periodista había preguntado por Marita Lorenz, aunque yo en esos días era la señora Yurasits. Cuando contacté con el reportero, Paul Meskil, me enteré de que tenía toda la historia de Sturgis, que me había incluido en su relato y le había facilitado incluso mi foto con Fidel. Hablé con

Frank y le conté indignada que estaba en medio de una operación, el espionaje a los soviéticos, y que la estaba poniendo en peligro; cuando le pregunté a qué estaba jugando y por qué demonios estaba hablando de mí con la prensa, me respondió sarcástico:

—*Touché*. No mataste a Fidel y te avisé de que aquello volvería a perseguirte.

Él me había tendido la trampa pero caí sola en ella, y fui mi propio peor enemigo porque cuando volví a contactar con Meskil intenté sonsacarle para ver qué sabía; aunque solo le confirmé detalles que ya le había contado Sturgis, él aprovechó nuestra charla para decir que yo le había dado una entrevista. Días después, el domingo 20 de abril de 1975, en un artículo de una serie bautizada *Los secretos de la CIA* y bajo el título «La Mata Hari que embaucó a Castro», aparecieron mi foto y mi historia. Cuando vi el diario en un quiosco supe que mi apocalipsis empezaba. Lo primero que me vino a la cabeza era qué iba a pensar Frank Smith, mi amante policía; luego pensé en Louis, aunque él conocía los detalles básicos de mi vida. Volví a casa con un ejemplar del periódico, lo puse sobre la mesa y le dije a mi esposo, que parecía despreocupado:

—Estamos acabados. ¿No entiendes lo que esto significa? Se acabó la operación. Todo el mundo en los apartamentos va a saber quién soy.

No me equivocaba y todo se colapsó. Al ser expuesta mi historia y descubiertos mi pasado y mi identidad, los inquilinos soviéticos se mudaron a otro edificio en Riverdale.

Aunque no firmaríamos el divorcio hasta el 22 de enero de 1976, Louis y yo rompimos, y me reemplazó rápidamente con una chica que hacía *top less* en un local de la Segunda Avenida que se mudó con él y se quedó con todo: los muebles, la ropa y mi marido. Fue una ruptura que me dolió mucho y que aún lamento a día de hoy porque sé que fue un error. Debería haberme quedado con ese hombre al que amaba, a mi manera, y con quien tenía una vida buena y en cierto modo tranquila. Nunca pretendí hacerle daño. Su partida, además, resultó muy traumática para el pequeño Mark, aunque el rechazo posterior de Louis hacia su hijo, su miserable actitud y el abandono absoluto, sin darnos ningún apoyo económico ni para manutención y ni siquiera para educación, hizo que el dolor se fuera transformando en desprecio.

ACABADA

En ese momento en que todo se derrumbaba, paseando por East River Drive vi un letrero de alquiler en una casa en el 512 de la calle 88 Este, un pequeño apartamento con jardín que alquilé de inmediato. Eddie, que seguía en mi vida, se sintió feliz porque volvíamos a pasar más tiempo juntos y me ayudó haciéndose cargo de un año del alquiler, aunque luego, conforme ascendía en la Kosher Nostra y formaba Levy, Adler y Cohen, una compañía especializada de seguros, compró un ático en el 1725 de York Avenue, donde pasé también temporadas.

Inicié una relación con Pino Fagiano, el matón que me había amenazado tras el incidente del ataque de las ratas a Mark y al que había seguido viendo de vez en cuando en nuestro antiguo edificio, pues nunca abandonó el trabajo para la gestora inmobiliaria. No sé muy bien cómo ni por qué me convertí en su amante. Sabía que era peligroso, pero había algo en él que me atraía y me despertaba curiosidad. Era siciliano, a pesar de que decía que había nacido en Libia, y aunque no muy alto, era de buen ver, con su pelo oscuro y su mirada intensa. Sin duda fue un error. Además de *músculo* para la mafia, Pino era también un jugador compulsivo y con serios problemas de dinero, y empezó a aparecer por el ático de Eddie, de quien pretendía que amañara algunas de sus carreras de caballos.

Las cosas se pusieron tan mal entre Pino y yo que un día incluso me golpeó y me disparó con la pistola de calibre .38 que siempre llevaba; tuve que defenderme y le alcancé con mi propia arma atravesando con una bala la chaqueta Gucci que llevaba puesta. Creí que lo había matado pero sobrevivió. Era el 20 de julio de 1976, el día en que, al tirarme por las escaleras, me hizo perder al hijo que esperaba de él. Puse una denuncia y el 11 de agosto fue arrestado, pese a que pronto quedó libre. Mónica y Mark habían estado presentes en el ataque y me di cuenta de que esa no era vida para ellos, así que los envié varios meses a Alemania para intentar alejarles de un mundo tan inapropiado para unos niños como el mío.

La ley del silencio

En esos días llovían citaciones para colaborar en investigaciones políticas y comenzaron también a aparecer muertos algunos de los personajes que sabían verdades quizá inconvenientes que les obligaron a llevarse como secretos a la tumba. Me vino a la mente, por ejemplo, el recuerdo de Dorothy Kilgallen, una columnista que tras el asesinato de Kennedy había ido a Dallas y se había ganado la confianza de Ruby y que en 1965, después de entrevistar al asesino de Oswald en prisión, volvió a Nueva York y apareció muerta en su casa de una sobredosis de alcohol y barbitúricos cuando no tenía historia ni de alcoholismo ni de uso de drogas. Rememoré también el asesinato el 19 de junio de 1975 de Sam Giancana en su casa de Chicago. El Comité Church quería llamarle a declarar pero no tuvieron tiempo de hablar con él: alguien lo mató de varios disparos, incluyendo algunos alrededor de la boca. El mensaje no podía ser más claro.

La ley del silencio no había cesado. El 7 de agosto de 1976 se encontró en la bahía de Dumbfolding, cerca de Miami, un barril lleno de agujeros y con cadenas. Cuando se abrió, apareció dentro el cadáver de Johnny Rosselli, aquel *Mr. Hollywood* que me había dado las pastillas para matar a Fidel. Él había llegado a testificar dos veces ante el Comité Church en 1975 sobre aquel intento de asesinato y sobre sus relaciones con la mafia y con la CIA; había declarado también en abril de 1976, con las preguntas en esa ocasión encaminadas hacia la supuesta conspiración tras el asesinato de Kennedy. Los senadores querían que volviera otra vez, pero desapareció el 28 de julio, y su siguiente aparición fue como cadáver en un barril, con las piernas cortadas y con muestras de haber sido estrangulado y haber recibido disparos. Poco después alguien metió por debajo de mi puerta una copia de un artículo con la noticia de la muerte de Rosselli y el mensaje: «Tú serás la próxima». Las amenazas fueron suficientes para que la policía de Nueva York pusiera guardias vigilando mi casa y para que el senador Richard Schweiker, que era miembro del Comité de Inteligencia de la Cámara Alta y cuyo personal me había interrogado tras la muerte de Rosselli, pidiera protección para mí y para mis hijos al Departamento de

Justicia. Yo siempre pensé que detrás de los ataques estaba Pino, que había venido a mi apartamento y me había robado documentos y cintas de conversaciones telefónicas que yo había grabado como medida de protección tanto con él como con Eddie, con abogados y editores que empezaban a interesarse por mi historia y con investigadores del Congreso, con los que había empezado a hablar en 1975.

Segundo viaje a Madrid

En aquellos días turbulentos me enfrentaba también a la presión constante de Mónica, que insistía mucho en que quería intentar ver a su padre, y acabé cediendo y organizando un viaje a España. En febrero de 1977 volvimos a Madrid, donde, a diferencia de la primera vez, no sabíamos dónde estaba Marcos, que había comprado una casa de la que no teníamos la dirección. Para empezar a buscarle se me ocurrió que fuéramos a la embajada de Estados Unidos, donde estaba convencida de que seguirían cada paso de Marcos, pero cuando les pedí referencias mostraron su total oposición a que intentase contactar con él y dejaron claro que no querían que lo viera, aunque les expliqué que si no le veía no tendría siquiera dinero para volver a Estados Unidos.

Mónica insistió en que no nos rindiéramos y nos fuimos entonces a la embajada de Venezuela. Mi hija era una adolescente de casi quince años y usó sus encantos para tontear con unos jóvenes funcionarios; fue ella quien consiguió que nos facilitaran en secreto la dirección, que situaba a Marcos en una mansión en el barrio de La Moraleja. Salimos de allí felices y decidimos volver al hotel y dejar para el día siguiente la visita sorpresa a Marcos. Fue nuestro error.

Por la mañana llamaron a la puerta de nuestra habitación y al abrir vimos a dos marines estadounidenses gigantes con enormes rifles automáticos que nos instaron a ir con ellos sin dejar ningún espacio abierto a que me negara o razonara. Cogieron la bolsa y a Mónica, y a mí me agarraron del brazo; nos llevaron hasta un coche que estaba esperando y de ahí nos condujeron al aeropuerto. De nada sirvió que protestara todo el camino explicando que no había hecho nada ni violado ninguna ley: nos embarcaron en un avión que no tenía identificaciones de ninguna aerolínea, me dijeron que no volviera nunca y nos echaron del país. Un par de semanas después recibí una factura del Gobierno estadounidense, en concreto del Departamento de Estado, por tres mil dólares en concepto de transporte aéreo y un aviso de que no se me renovaría el pasaporte si no pagaba.

Mónica se cansó de llorar y decía que quería ver a su padre siquiera una vez. Sus lágrimas y su vacío nunca acabarán del todo: Marcos Pérez Jiménez murió en Madrid el 20 de septiembre de 2001 sin que su hija hubiera tenido ocasión nunca de volver a encontrarse con él.

LA MUERTE COMO NEGOCIADO

Estábamos de vuelta en Nueva York y unos meses después recibí varias llamadas de Frank Sturgis. Desde la aparición de los artículos había vuelto a merodear a mi alrededor y me llamaba a menudo, y esta vez telefoneó para instarme a que volviera a trabajar con él. Estaba de camino a Angola, donde se estaban organizando fuerzas para ayudar a Fidel, y quería que yo me infiltrara para conseguir información. Me aseguraba que había «un buen dinero» en la misión e insistió al menos un par de veces, llamándome en julio una vez desde París y otra desde Lisboa. Yo me negué a ir con él porque no quería tener nada que ver en sus batallas, pero también porque había recibido una llamada desde Angola de un hombre que se llamaba John Stockwell, jefe de estación de la CIA en el país africano, y me había advertido que no fuera.

Debería haber imaginado que mi rechazo tendría consecuencias, no solo para mí. Como venganza por mi negativa, Frank empezó a husmear en los negocios de Eddie, y no le costó descubrir que Levy, Adler y Cohen, su bufete de abogados, estaba plagado de irregularidades. Resulta imposible pensar que fuera casualidad que las autoridades empezaran justo por esas fechas una investigación y una persecución judicial en la que Eddie acabó encarcelado, condenado por fraude, al saberse que millones de dólares que había recolectado de supuestas pólizas de seguros acababan realmente en cuentas en Suiza y otros lugares. Desde la prisión donde pasó dos años encarcelado Eddie me envió una carta dándome las «gracias» por haber puesto tras su pista a mis «colegas de la CIA»; y no tengo ninguna duda de que estaba en lo cierto, porque una vez Sturgis me dijo sin ningún cargo de conciencia:

—Me deshice de tu novio porque no quisiste ir a Angola.

Aquello me hizo pensar en Rorke y le repliqué:

—¿De la misma manera que te deshiciste de Alex?

A aquello no me contestó, pero siempre he pensado que estuvo detrás. Matar era el negociado de Sturgis. Sé de hecho que mató a Rolando Masferrer, *el Tigre*, que murió en octubre de 1975 en un atentado con explosivos en su coche en Miami, y lo digo con tanta certeza porque en una ocasión el propio Frank me lo confesó.

En nuestras conversaciones muchas veces me recordaba que me convenía permanecer con la boca cerrada y subrayaba esas peticiones nada sutiles de silencio con recordatorios como «sabes de qué somos culpables». Lo que quería obviamente era cubrirse su propia espalda. Una de las líneas de investigación de la comisión Rockefeller había tenido que ver con la posibilidad de que Frank y Howard Hunt hubieran estado juntos en Dallas, algo que ambos negaron en sus declaraciones bajo juramento, pero Gaeton Fonzi, que era uno de los investigadores que trabajaba para uno de los senadores del Comité Church, encontró releyendo las historias escritas por Meskil una potencial confirmación de sus sospechas de que Sturgis y Hunt —Fiorini y Eduardo para mí— podían haber cometido perjurio: yo era capaz de ponerlos juntos no solo en los Everglades sino en la ciudad donde fue asesinado Kennedy.

Fonzi, con el que hablé mientras trabajaba para el Comité Church y que acabó trabajando para el Comité Especial sobre Asesinatos Políticos de la Cámara de Representantes que investigaría el magnicidio y el asesinato de Kennedy en 1978, empezó a venir al apartamento de la calle 88 con Al González, otro investigador del comité, para hacerme entrevistas y mirar documentos, y se intensificó la frecuencia de las llamadas de Frank. Decía que Fonzi trabajaba en realidad para la CIA y seguía empeñado en que yo no hablara, o al menos en que, si lo hacía, fuera diciendo lo que él quería y ocultando lo que le interesaba. Perros viejos en ese mundo donde nadie puede ni debe fiarse de nadie y donde toda protección es poca, Frank y yo nos grabábamos mutuamente sin decírnoslo.

UNA PISTOLERA CON UNIFORME DE COLEGIALA

Yo creía que esas cintas me protegían y no presté demasiada atención a algo que estaba pasando en mi propia casa. Mónica era ya una adolescente y siempre había sentido que Frank era letal, decía que tenía «los ojos de un hombre muerto», y recuerda que yo le hablaba en esos días con frases como «cuando yo ya no esté»... Ella leía claramente en mí el temor a que algo terrible fuera a sucederme y pensaba que Frank era quien me amenazaba con matarme, así que emprendió su propia guerra tras escuchar una de esas llamadas en las que interpretó que Sturgis venía a matarme para que dejara de hablar con Fonzi.

Había enseñado a mis hijos a manejar armas, a limpiarlas, a desmontarlas y cargarlas, y Mónica, que por esos días acudía al Instituto Loyola, una escuela católica de Park Avenue donde estudiaban muchos hijos de gánsteres, consiguió a través del hermano de una amiga una pistola de calibre 22 con capacidad para siete balas. Armada, sentía que «lo correcto» era proteger a su madre haciendo «lo que hiciera falta». Siempre me ha jurado que su intención no era matar a Sturgis, sino «frenarlo». Mi hija fue muy lista: sabía que, al ser menor, las leyes que se le aplicarían serían más suaves que si hubiera sido adulta.

El 31 de octubre de 1977, Mónica se apostó entre unos coches frente a mi casa esperando a que Sturgis llegara. Algún vecino debió de verla desde la ventana con la pistola en la mano y llamó a la policía, que también había sido avisada por mi amante, Frank Smith, al que telefoneé después de que Mónica me hubiera llamado y me hubiese contado sus planes. Mi hija emprendió una huida que provocó una operación policial en la que se cerraron varias calles y acabó acorralada, pero pidió negociar su entrega con un agente que conocía gracias a mi trabajo, Terry McSwiggin. Para ella era *Tío Terry*, y fue bueno con ella: según cuenta Mónica, él sacó las balas de la pistola y limpió el arma. Desarmada ya, mi hija fue esposada y trasladada a comisaría. Iba vestida con su uniforme.

Unas horas después, Sturgis llegó a mi apartamento y fue detenido, acusado de acoso y coerción, en concreto, de «infundir miedo para evitar que la víctima testifique ante una autoridad legalmente constituida», en referencia al comité especial del Congreso. Se le encarceló tras imponérsele una elevada fianza de veinticinco mil dólares, que luego serían rebajados a diez mil, y acabó en las portadas de los periódicos de nuevo, aunque un juez desestimó todos los cargos y le dejó en libertad el 4 de noviembre.

Bajo custodia y con miedo otra vez

Mi vida parecía lo suficientemente amenazada como para que las autoridades decidieran ponerme bajo custodia, darme protección. En mitad de la noche me sacaron de casa con mis hijos y con Charmaine Burns, una amiga de mis días de constante fiesta, una bellísima y dulce mujer originaria de Nueva Orleans que estaba en casa porque coincidió que había venido a visitarme. Nos llevaron en avión a algún lugar de Florida, donde tenían una colonia de casas seguras, Miami Springs Villa, de la que no podíamos salir nunca. Es la vida de prisionero que estás obligado a vivir cuando te están protegiendo, una vida de silencio en que nadie te dice ni te explica nada y lo único que son capaces de contestar cuando preguntas hasta cuándo durará el encierro es: «Hasta que las cosas se calmen».

Con dos agentes de guardia en cada turno se supone que poco te puede pasar, aunque en mi caso aquella vez se produjo un incidente que nada tenía que ver con lo que me amenazaba pero que también puso en peligro mi vida. Una noche de viernes, los agentes se fueron a un bar y nos quedamos sin vigilancia, y entonces entró en casa un hombre absolutamente loco que se había escapado de una institución mental. Tras pasar por otro apartamento y violar y asesinar a la mujer de un guardia —algo de lo que me enteraría después—, el tipo había entrado en nuestro apartamento. Yo estaba durmiendo y me desperté con aquel ser desnudo que llevaba un cuchillo a mi lado, diciéndome cosas sucias, tocándose e instándome a realizar actos sexuales con él. Estaba aterrorizada y paralizada, pero vi que no era uno de los soldados de Sturgis y empecé a hablarle con calma y a hacerle pensar que iba a satisfacer sus demandas, pidiéndole solo que me dejara cambiar de habitación. De entre mis ropas cogí una navaja que siempre tenía conmigo, la abrí y le ataqué, provocándole tres o cuatro cortes superficiales pero lo suficiente profundos como para que empezara a sangrar. Histérica, y empujada por el odio y por el miedo, gritaba el nombre de Steve Czukas, un agente de Aduanas con el que colaboraba como informadora en esos días, sin dejar de seguir lanzando ataques con la navaja al hombre, que iba viéndose forzado a retroceder hacia la calle y acabó cayéndose al suelo, tras lo que pude cerrar la puerta. Se acercó entonces a una de las ventanas y empezó a golpearla gritando: «¡Te voy a matar!, ¡te mataré!». Él gritaba, yo gritaba, mis hijos gritaban, Charmaine gritaba... Levanté un teléfono de emergencia que había en la casa y pedí ayuda, y enseguida aparecieron decenas de agentes en coches sin identificaciones, que cuando llegaron me encontraron aún paralizada e incapaz de abrir el puño para soltar la navaja, algo que solo hice cuando vi a Mónica y supe que aquel desequilibrado no había entrado en su cuarto ni la había agredido a ella. Estábamos todos vivos e ilesos, pero necesitábamos que nos administraran tranquilizantes para superar aquel trago tan salvaje.

El cuaderno verde

La seguridad que se nos suponía garantizada había fracasado estrepitosamente y nos trasladaron entonces al ático de un hotel de Miami, una *suite* matrimonial donde nos quedamos unos días. Yo estaba mentalmente exhausta y también preocupada porque mi madre estaba sola en Nueva York y había tenido que ser ingresada tras enfermar misteriosamente, pero seguíamos sin saber cuánto tiempo pasaría hasta que recuperáramos la libertad de movimientos. Con ese panorama de incertidumbre, Czukas me dio un pequeño cuaderno infantil de color verde y me sugirió que aprovechara el tiempo escribiendo, diciéndome que era la mejor terapia en la que podía pensar, aunque no era una petición tan desinteresada como podía parecer. Czukas conocía bien a Frank Sturgis, lo había arrestado en alguna ocasión y me había hablado de una red de tráfico de drogas con México en la que mi viejo conocido estaba implicado, sabía también del viaje a Dallas y me confesó que iba a darle el cuaderno con lo que escribiera a Washington, al Comité Especial sobre Asesinatos.

Los días siguientes rellené dieciséis páginas con recuerdos sobre el viaje a Dallas, sobre mi madre, sobre Fidel, sobre Marcos Pérez Jiménez y sobre las traiciones del maldito David Walters, y debo reconocer que tuvo algo de terapéutico: empecé a volver a la normalidad y a sentirme mejor. Se me ofreció darme una nueva identidad, meterme en uno de esos programas donde podía cambiar de estado e incluso someterme a cirugía y empezar una nueva vida. Con un «me he quedado sin novios» pregunté si me podían enviar a Cuba. Me apetecía incluso bromear porque sabía que iba a rechazar la oferta: no solo no tenía ningún interés en irme a Arizona sino que me sentía moralmente obligada a volver a cuidar a mamá, no quería dejar a Frank Smith y nuestra relación, y tenía mi vida disfuncional pero a la vez normal con Eddie.

Mi primer final

Cuando regresé a Nueva York lo primero que hice fue sacar a mamá del hospital Lenox Hill, donde había estado ingresada, y llevármela al apartamento de Eddie, en el que reconvertí una habitación en una sala comparable a la de cualquier centro clínico. Nunca supimos bien qué le había pasado, pero siempre he sospechado que hubo algún tipo de juego sucio en el que estuvieron involucrados Frank Nelson y, cómo no, Sturgis. Mientras yo estaba en custodia protegida, mamá se había quejado de alguna molestia que atribuía a estar sentada frente al aire acondicionado y los dos Frank la llevaron a un médico en Park Avenue, donde ella me contó luego que le pusieron una inyección, después de la cual empezó a dar muestras de parálisis y todo su cuerpo se fue atrofiando, aunque su mente seguía funcionando perfectamente. Hasta su médico habitual coincidía conmigo en pensar que le habían dado algo que le había afectado al sistema nervioso y Mónica también ha creído siempre que aquella inyección innecesaria tenía algún veneno. En cualquier caso, su vida se apagaba rápidamente y como no quería llevarla a una residencia contraté a una enfermera para que me ayudara, porque mamá estaba atada a la cama y quería cuidarla lo mejor que pudiera. Cuando era posible la llevaba en una silla de ruedas a pasear al lado del East River, la peinaba bien guapa y conseguía de vez en cuando que se riera un poco.

Murió en mis brazos el 7 de diciembre de 1977, y aquello no fue solo su final, sino también el final para mí, que en cierta forma morí con ella. Se iba mi pilar, mi roca, la única persona con la que he podido hablar de verdad en mi vida, aunque fueran muchas las veces que discutimos, enorme el descontento que le provoqué con mis decisiones y excesivo el peso y las responsabilidades con las que la cargué.

Descubrí también que guardaba secretos que se iban a probar muy dolorosos. Cuando me puse a bucear en los preciosos baúles de los años veinte que había dejado llenos de recuerdos descubrí, escondido tras el forro de uno de ellos, un sobre en cuyo exterior ponía *Peaches*, el apodo cariñoso que usaba conmigo. Al abrirlo empecé a llorar sin consuelo: ahí había una foto de un niño de tres o cuatro años, enormemente parecido a Fidel. Entendí inmediatamente que durante toda su vida ella había sabido que mi primer hijo había sobrevivido.

Mi primera reacción fue un estallido de rabia, una explosión de furia. ¿Cómo podía haberse guardado esa información? ¿Cómo había podido dejar que me mantuvieran siempre en la dolorosa duda? ¡No tenía derecho! Cuando pude calmarme un poco leí una nota que había escrito, claramente no hacía demasiado tiempo, pues se refería a Mónica y a Mark, que había nacido hacía solo ocho años. Mamá me decía que debía centrarme en cuidar de mis dos hijos y no preocuparme por ese, que aseguraba que estaba bien. Leyendo y releyendo sus palabras, observando aquella foto, pensando en Moniquita y Beegie, fui calmándome y entendiéndola. Creo que lo hizo para protegerme, para que no me volviera loca. Hizo lo que probablemente yo hubiera hecho. Entendí en cierta forma su motivación y la perdoné. La amaba como a nadie.

Tenía una certeza: no podía vivir sin ella. Estaba triste, rota y destrozada, y a partir de entonces me sentí absolutamente miserable. Mónica, que tanto tiempo pasó en su adolescencia con mamá, aún a día de hoy señala aquel momento como el punto de inflexión en que nuestras vidas empezaron a caer por un barranco y una espiral de miseria. Pasamos de una vida normal y hasta acomodada a otra de pobreza extrema, y pronto empezaron a sucederse las angustias, los desahucios de las casas, la vida errante y la desesperación de días en que ni siquiera teníamos dinero para comer.

UNA HUIDA IMPOSIBLE

La muerte de mamá sacudió como un terremoto mi vida y me dejó sin cimientos, más necesarios que nunca en aquel momento en que se intensificaba la presión por la investigación del asesinato de Kennedy y distintas fuerzas tiraban de mí en direcciones opuestas. No solo no quería cruzarme con Sturgis y con todos los cubanos sino que tenía miedo de autoincriminarme y ser acusada de algún delito por asuntos como los robos en las armerías, y lo único que se me ocurrió fue escapar.

Así que cogí a mis hijos y me los llevé a las Bahamas, pensando que allí no podrían llegarme las citaciones. El mar no era barrera suficiente, seguían buscándome, y mi hermano Joe me instó a volver, recordándome que podía acabar en la cárcel si seguía saltándome las citaciones. Él entonces tenía una relación muy estrecha con Howard Baker, el senador republicano de Tennessee que en 1973 había planteado la pregunta clave en la investigación del Watergate, aquel «qué sabía el presidente y cuándo lo supo» que acabaría tumbando a Nixon, y entre los dos me convencieron de que huir de una citación federal me haría aparecer culpable, me obligaría a estar huyendo toda mi vida y, de cualquier forma, no evitaría que fuera perseguida y acabase en la cárcel. Baker me consiguió un abogado y volví, dispuesta a testificar, aunque el letrado, Lawrence Krieger, que era el encargado de todos los asuntos inmobiliarios de Teddy Kennedy, no me gustaba en absoluto, y eso que consiguió que el Comité me entregara algo que me permitiría hablar sin temor a incriminarme: la orden de inmunidad 78/0136, dictada el 1 de mayo de 1978.

A finales de ese mes me embarqué en un avión rumbo a Washington con los niños y dos pequeños cachorros de perro que acababan de entrar en nuestra familia. Nada más aterrizar nos esperaba un agente que nos acompañó hasta un taxi. Cuando preguntó a dónde íbamos, Mark dijo el primer nombre de hotel que se le ocurrió y acabamos en un Regency.

El Comité Especial de la Cámara de Representantes sobre Asesinatos

¿Por qué razón se me obligaba a regresar y declarar ante el Congreso, tantos años después? En 1976 se creó un comité de investigación que en cierto modo era como una fusión del Comité Church y del Comité Hart-Schweiker, ambos dedicados a investigar los asesinatos de John F. Kennedy, de su hermano Robert y de Martin Luther King, sobre todo la muerte del Presidente. Desde que en 1964 el Comité Warren concluyera que Lee Harvey Oswald no formaba parte de conspiración alguna, muchas voces se habían alzado indignadas reclamando la verdad.

El conocido como HSCA se activó debido a la presión ciudadana y a los cientos de artículos, documentales y libros, surgidos desde el mismo 1963, que especulaban con una conspiración urdida desde las entrañas del Estado para acabar con Kennedy y otra para hacerlo con el propio Martin Luther King. Las investigaciones del Comité duraron hasta 1978 y en 1979 hicieron público un informe final.

El 31 de mayo de 1978 acudimos al Capitolio, donde mis hijos se sentaron en unos bancos de la sala, cada uno con uno de los cachorros, y arrancó el interrogatorio, en el que participaron treinta y seis congresistas. Tenían ya en su poder el cuaderno verde que había escrito a instancias de Czukas, aunque habían tachado parte de su contenido, en especial cuando nombraba a agentes de la CIA, supuestamente para proteger la seguridad nacional. También, para enfado de los miembros de la comisión, Fonzi había realizado sus propias tachaduras y anotaciones. En la sala había un proyector de diapositivas en el que vimos fotos en las que pude identificar, por ejemplo, a Ozzie, como yo había conocido a Lee Harvey Oswald en los Everglades. Fueron exhaustivos y no dejaron ningún terreno sin pregunta: Fidel, los robos a las armerías, el viaje a Dallas… Algunos fueron muy duros conmigo y me cuestionaron implacablemente, poniendo en duda mis declaraciones e intentando confundirme. Pero me sentí reconfortada cuando uno de los que estaba siendo más agresivo, Christopher Dodd, me pidió disculpas cuando se cruzó conmigo en el pasillo en uno de los descansos y me dijo:

—Lo siento, sé que estás diciendo la verdad.

Dodd fue, de hecho, uno de los miembros del comité que publicaron una nota mostrando su disentimiento cuando se presentó el informe con las conclusiones finales, en el que se sentenció que «Lee Harvey Oswald disparó tres tiros al Presidente John F. Kennedy», que «el segundo y el tercer tiro alcanzaron al Presidente» y que «el tercero que disparó mató al Presidente». Dodd explicó que votó en contra porque las pruebas balísticas del rifle que supuestamente usó Ozzie, un Mannlicher-Carcano, demostraron que era imposible realizar tiros consecutivamente con un arma de ese modelo.

Además, basándose en el testimonio de más de veinte testigos y en una grabación acústica, el HSCA concluyó que había habido un cuarto disparo y, por lo tanto, un segundo tirador, y que Kennedy probablemente había muerto por culpa de una conspiración, aunque se declaró «incapaz de identificar a los otros tiradores o la extensión de la conspiración». Descartaron tajantemente que la CIA, el FBI y el Servicio Secreto de Estados Unidos estuvieran involucrados y, algo menos vehementemente, refiriéndose de nuevo a las pruebas a su disposición, opinaban que ni el Gobierno soviético ni el cubano habían participado. Otra conclusión fue que los cubanos anticastristas en el exilio y el crimen organizado no estaban tampoco involucrados como grupos, aunque el comité no descartaba «la posibilidad» de que sí lo estuvieran «individuos» vinculados a organizaciones del exilio o de la mafia.

Yo simplemente cumplí con lo que creía que debía hacer. Unos días después de comparecer y testificar, había enviado una corrección sobre una fecha en la que supuestamente había visto a Oswald porque había dado una errónea por la presión y querían poner en duda mi credibilidad. Acabar con aquello fue un alivio.

Puedo, además, reírme recordando algunos detalles, como uno que le gusta mencionar a mi hija Mónica. Como quería ir elegante y presentable a testificar, había hablado con un vecino de Nueva York, un hombre negro muy educado al que llamábamos cariñosamente *fine shit*, mierda fina, porque su apartamento era un verdadero almacén de todo tipo de mercancías robadas. Entre ellas tenía delicadas piezas de telas importadas desde Asia y encargó que con una de ellas me hicieran un traje a medida. Fui al Capitolio vestida como toda una dama con aquel traje oscuro que no tenía un origen demasiado limpio.

9

HIJOS DE CUBA

Tras prestar declaración en el Congreso y de regreso a Nueva York, estuve durante un tiempo haciendo trabajos para la policía. Pero mi vida navegaba otra vez en la orilla del desastre. Mónica, que durante tantos de mis años locos había estado al cuidado de una abuela que siempre intentó darle la serenidad que no le garantizaban ni mi agitada vida ni mis compañías, había entrado en una época de rebeldía y nuestra relación era tremendamente tensa. Un día que llegó al apartamento de la calle 88 borracha me enfadé con ella, creo que incluso la golpeé, y ella se escapó. Estuve varios días sin saber su paradero y pensé que me iba a volver loca. Incluso llegué a contactar de nuevo con Pino Fagiano para que la buscara por mí.

Sin embargo, fue ella misma quien regresó por su propio pie a casa tras cinco días, no sin antes haber vivido una experiencia traumática: se había ido con una conocida que la acogió en Brooklyn y la dejó quedarse con ella, pero un día Mónica vio en la casa a un señor esperando en una sala y cuando su *amiga* le dijo: «Hora de ganarte la estancia» supo lo que se esperaba de ella. Mónica había conocido a través de mí a *madames* y chicas de compañía a las que recuerda todavía hoy con cariño y hasta admiración, gente elegante, amable con ella y a la que nunca vio desempeñando su trabajo carnal. Pero salió corriendo de allí y evitó por muy poco entrar a formar parte del mundo de la prostitución.

Eran días económicamente muy difíciles y se me abrió el cielo cuando Thomas Guinzburg, uno de los cofundadores de *The Paris Review*, que entonces presidía Viking Press, puso sobre la mesa la oferta para hacer un libro con mi historia. Gaeton Fonzi, el investigador que había trabajado para el Congreso, estaba también interesado en escribir uno, pero yo no quería que lo hiciera él. Y creo que fue una buena decisión, porque años más tarde, cuando escribió su recuento de los hechos del asesinato de Kennedy, *The last investigation*, yo no salí bien parada. El contrato que me ofrecía Guinzburg era, además, muy generoso, 340.000 dólares, así que lo acepté, cogí los 75.000 dólares del adelanto y con eso me compré un coche y puse la entrada para una casa en Darien, en Connecticut, una bella propiedad en el 86 de Maywood Road a la que me trasladé con Mónica y Mark y donde podía dedicarme a mantener mi jardín y, satisfaciendo mi amor por los animales, cuidar de cerdos, cabras, patos y caballos.

Era una vida tranquila, diría que soñada. Pero tenía demasiado pasado a mi espalda como para volverme un ama de casa corriente. Mis amigos mafiosos, por ejemplo, usaban a veces la propiedad para esconder camiones en aquellos días en que se sufrían los efectos de la segunda crisis del petróleo y ellos movían ilegalmente combustible. Haberme mudado, además, no había acabado con el acoso, y no solo seguía siendo quien había ido al Congreso dispuesta a contestar a todo lo que se me preguntara y a pronunciar abiertamente nombres de gente que preferiría haber quedado en la sombra sino que, para colmo, me disponía a escribir un libro. Un día en que Mónica estaba haciendo sus deberes en la cocina vestida con una chaqueta mía, una bala entró por la ventana y casi la mata. Nunca supimos quién había disparado y todo lo que oímos fue a alguien huyendo en una motocicleta. En otra ocasión prácticamente todos mis animales aparecieron muertos. Lo único que sabía seguro era que no había sido la mafia.

El acoso era constante y pasaba serios problemas para mantenerme al día con el pago de la hipoteca porque, aunque empecé varias veces a escribir el libro, no conseguí sacarlo adelante y la editorial perdió interés. Todo lo que pretendían con el libro era resucitar la tesis de que el asesinato de Kennedy no era lo que se había contado a los ciudadanos y querían poner en la portada la foto que Alex Rorke había tomado en los Everglades en la que se nos veía a Sturgis, Hemming y a mí con Ozzie y otros. El problema es que yo solo tenía una copia buena de aquella foto, pero se la había dado al senador Baker. La otra copia era de menor calidad y para colmo la había robado Pino cuando se llevó documentos y cintas de mi casa.

Todo aquello me llevó a tomar la decisión de dejar abandonada aquella casa y volver a Nueva York, donde mantenía el apartamento de la calle 88. Solamente me ataban un caballo y una cabra que habían sobrevivido a la matanza, así que decidí llevarlos conmigo a la ciudad. Guardar a la cabra en casa era una anomalía pero podía con ello; lo imposible era mantener al caballo, así que pensé que podría donarlo. Pedí a Frank Smith, mi amante policía, que me consiguiera uno de esos tráileres para transportar equinos y me llevé al animal desde Connecticut hasta Nueva York, donde iba a dejarlo en el zoo. Pero cuando llegué estaba cerrado, y me vi con el caballo y sin saber qué hacer. Lo dejé fuera de casa pero la policía me dijo que no podía tenerlo allí, y cuando expliqué a los agentes que no sabía qué hacer con él me sugirieron en broma que debería llevarlo a casa del alcalde. Para ellos era una ocurrencia chistosa pero a mí la idea no me pareció tan descabellada, así que me fui hasta Gracie Mansion, lo até junto a un árbol, me aseguré de que tenía hierba y agua, y avisé a uno de los guardas de que era un regalo para el primer edil.

Volver a Fidel

Los serios apuros económicos que atravesaba me estaban dejando sin salidas, y una de las pocas que vi fue intentar acudir a Fidel, pedirle ayuda y volverme a Cuba. Fui varias veces a la misión cubana ante Naciones Unidas para llevar cartas que quería que le hicieran llegar. De alguna manera, nunca perdí la esperanza. Cuando abandonaba el edificio de la misión tras una de esas visitas me paró un hombre bajo, pelirrojo. Era Larry Wack, un agente del FBI con grandes aspiraciones al que habían puesto al frente de la fuerza antiterrorista que quería que dejara de ir a la misión, pero también que trabajara para él y me infiltrara en Omega 7, el grupo terrorista anticastrista que había fundado en Nueva Jersey Eduardo Arocena y que había acometido varios atentados.

Vi varias veces a Wack y nunca me gustó. Bebía mucho, demasiado, pero si lo odio por algo es porque un día agredió a Mónica. Mi hija y yo habíamos tenido otra de nuestras frecuentes peleas, ella había discutido con su novio y con una amiga, y buscó refugio en casa de Wack, que vivía en el Upper East Side, en Lexington Avenue. Fue uno de los días en que Wack había bebido más de la cuenta, e intentó violarla. Nunca se lo perdonaré.

Por esas fechas, en 1979, empezó a correr el rumor de que Fidel iba a volver a Nueva York, esta vez para ofrecer un discurso ante las Naciones Unidas, y lo confirmé cuando dos agentes del servicio secreto se plantaron en mi puerta y me dijeron que había órdenes de que abandonara la ciudad. Con Castro de visita querían minimizar la posibilidad de problemas y me dieron tres horas para marcharme, pero les dije que era imposible porque no tenía dinero, así que me dieron algo de efectivo. No era mucho. Pese a ello, cogí a los niños y los perros, metí en cajas nuestras cosas y puse rumbo a Canadá. El silencio de Fidel ante mis cartas no me hacía concebir demasiadas ilusiones, y tenía que pensar en mis hijos. Ya le había dado vueltas a dejar atrás todo y aquello parecía una oportunidad. El Gobierno me iba a financiar mi *viaje de la libertad*, aunque también iba a derrochar dinero de los contribuyentes poniendo un par de coches con cuatro agentes a seguirme durante todo mi trayecto hasta Montreal. Durante el viaje, tomé la decisión de intentar otra vez contactar con Fidel.

El recorrido hasta Canadá fue largo y agotador, y nada más cruzar la frontera entramos a descansar en un pequeño hotel francés y luego, aún con la *cola* policial perpetuamente tras nuestro coche, fuimos al 1415 de la calle Pine, donde estaba la misión cubana. Entré con los niños, entregué los pasaportes, dije que mi vida estaba amenazada y expliqué que era amiga de Fidel y que quería volver a Cuba con mis hijos. Firmé además un papel en el que estipulaba que si algo me pasaba dejaba a mis hijos bajo la custodia de Fidel y pidiendo que fueran enviados a Cuba.

En la misión empezaron a hacer gestiones, pero me informaron de que debía ultimar los trámites y recoger los visados en Washington. Tenía que apañármelas para llegar a la oficina de intereses cubana que estaba en la embajada de Checoslovaquia, en la calle 16 de la capital, y es lo que hice, aunque tuve que esperar en Canadá dos o tres días hasta que Fidel, que el 12 de octubre pronunció su discurso ante la ONU, se marchó de Nueva York. Al cruzar la frontera, de vuelta en Estados Unidos, fui interrogada, pero me dejaron marchar y llegué a la embajada checa en Washington. Llevaba una bolsa llena de documentos que demostraban mi relación con Fidel, desde fotos y notas de amor hasta otros recuerdos, y al recoger los visados la dejé allí. Aún lamento haberme separado de aquel tesoro.

Al abandonar la embajada estaba esperándome en la puerta Wack con otros agentes del FBI. Amenazó con arrestarme por conspiración si volvía a ponerme en contacto con los cubanos, aunque yo me defendí diciendo que no tenía base jurídica para detenerme y que tenía familia en Cuba. Incluso me atreví a anunciarle irónicamente que íbamos a ir a la isla para un proyecto educativo de Mónica en el que íbamos a investigar «una serpiente verde venenosa y letal». No se rió ni siquiera un poquito.

Wack y los suyos no eran mi principal problema. El mayor reto era que no tenía dinero para llegar a la isla aunque ya tuviera los documentos que me permitían irme, y no me quedó más remedio que volver con mis hijos a Nueva York. Al llegar descubrimos que el apartamento en la calle 88 había sido saqueado y habían quemado el interior. No teníamos otro sitio adonde ir, así que nos quedamos allí y las cosas se fueron poniendo cada vez más y más difíciles. Sin nada de dinero, acabaron cortándonos la luz y nos quedamos sin nada. Tuve que acudir a los servicios sociales y pedir asistencia para comer. Nuestra escasez era tal que llegamos incluso a robar para alimentarnos. Fue una época muy difícil, posiblemente la más dura de mi vida, días de angustia y miseria en los que una vez llegamos a pasar seis semanas sin suministro eléctrico. Aunque Mónica decidió irse a vivir por su cuenta y tuve que ocuparme solo de Mark, pasé enormes aprietos para mantenernos.

El acoso, además, no cejaba. *Amigos* como Tommy *Tea Balls* Mancuso y Tony *Ducks* Corello me daban de vez en cuando algo de dinero y comida, y se dejaban ver en público conmigo para mandar el mensaje de que estaban de mi lado y me protegían, pero aun así los ataques continuaban. Solía merodear por el edificio un tipo alto y rubio que se hacía llamar Sam, que había estado preguntando por mí antes del incendio. Siempre sospeché que era alguien que trabajaba para la CIA. Sentía que seguían empeñados en cerrarme la boca y quitarme de en medio, y que lo que querían era llevarme a mi límite, forzarme al suicidio. No lo consiguieron, aunque me asomé al abismo de la desesperación muchas veces.

Un día de 1980, Wack y otro agente, Joe Barrett, me citaron en One Police Plaza, el cuartel central de la policía de Nueva York, pusieron un papel en blanco frente a mí y me instaron a que lo firmara. Estaba tan desesperada que lo hice, y entonces Barrett me dijo:

—Ahora vas a tener la oportunidad de ver lo que hace tu novio.

Los *MARIELITOS*

Lo que acababa de firmar era un documento que rellenarían después y por el que empezaría a colaborar con las fuerzas armadas de Estados Unidos, que en ese momento empezaban a preparar bases militares para enfrentarse al fenómeno de los *marielitos*. El 1 de abril un grupo de cinco civiles cubanos habían conseguido asilo político en la embajada de Perú en La Habana tras entrar a la fuerza en un asalto. Fidel pidió que fueran entregados y, ante la negativa, quitó la protección a la legación diplomática tres días después. Inmediatamente, centenares de cubanos buscaron refugio en la embajada y pronto se convirtieron en miles. Fidel entonces dio vía libre para que cualquier cubano que quisiera marcharse lo hiciera, siempre que tuviese a alguien que le recogiera y se hiciera cargo de él. El puerto de Mariel se convirtió en una lanzadera desde la que salieron rumbo a Key West, en Florida, decenas de miles de cubanos, que desbordaron Estados Unidos.

Me mudé a casa de mi hermana Valerie, que por entonces vivía en Harrisburg, en Pensilvania, y me presentó al mayor Wayne Bradshaw, al que había conocido haciendo con los refugiados vietnamitas un trabajo similar al que se iba a hacer con los cubanos. Tras una sola entrevista con él me hicieron *marshall* y empecé a trabajar en una base, Fort Indiantown Gap, uno de los enclaves donde las autoridades estadounidenses empezaron a colocar a los *marielitos* mientras procesaban sus casos y les buscaban destinos. Me dieron un uniforme, botas y asesoría militar, pues yo debía coger sus pasaportes, tomarles las huellas y hacerles tarjetas de identidad. En muchos casos también tenía que usar mis conocimientos de español para intentar saber más de sus historias personales y anotar el número que muchos llevaban tatuado en la parte interior de los labios, el recordatorio indeleble de su paso por prisión en Cuba. Se sabía que Fidel había enviado a criminales en el éxodo, y no solo para deshacerse de ellos: intentaba mandar el mensaje de que quienes abandonaban la revolución o la traicionaban eran la escoria de la sociedad. Y era, además, una forma de castigar a su enemigo del norte.

Yo vivía entre la casa de mi hermana y la base, que cada vez se veía más desbordada. Las autoridades estadounidenses estaban superadas y en absoluto preparadas, y ya no sabían qué hacer con todos los cubanos que seguían y seguían llegando, 125.000 entre abril y septiembre, para los que no quedaba espacio. Las instalaciones eran claramente inadecuadas para separar a toda la población en grupos distintos —niños, mujeres, familias, homosexuales…— y, para empeorar la situación, había serios problemas médicos: no solo se contaban entre los refugiados enfermos mentales a los que había que tratar con antipsicóticos, sino que otros habían empezado a hacerse adictos a los antidepresivos que les estaban dando para combatir las profundas depresiones de las que muchos empezaban a dar muestras.

«Peor que Cuba»

Allí pasé algo menos de un año, tras el cual me trasladaron a Arkansas para trabajar en Fort Chaffee, la única base que estaba situada en un clima cálido y a la que enviaron a muchos de los cubanos mentalmente enfermos o retrasados, físicamente impedidos, homosexuales y ancianos. Conseguí un apartamento, porque no dejaban que Mark viviera en la base al ser aún menor de edad, y empecé a trabajar. Lo que vi en aquellos días resucitó fantasmas de mi pasado, encogió mi corazón y me hizo sufrir enormemente. Estaba a cargo de seiscientos niños a los que se alojaba en dos enormes barracones, y con horror comprobé que no sabían cómo tratarlos: los pequeños lloraban mucho sin poder superar la separación de sus padres, pero la respuesta militar a las lágrimas y a una angustia que yo conocía muy bien porque las había derramado y sentido en Drangstedt era inyectar a los niños algo que los dejaba anulados por un par de días. Tras su paso por la base se les enviaba a orfanatos repartidos por todo el país o se les ponía en manos de alguien que hubiera aceptado esponsorizarles, y entonces se les dejaba ir dándoles tres mil dólares y tarjetas de la Seguridad Social y asistencia sanitaria, pero también un cargamento de odio y confusión.

En Fort Chaffee vi escenas de verdadero terror que nunca se borrarán de mi memoria, como la muerte de un niño por un simple ataque de asma o la imagen de mujeres embarazadas a las que se mantenía esposadas. Confirmé también que quienes estaban a cargo no entendían la magnitud, los retos y los dramas personales con los que debían haber lidiado más humanamente. Al comandante de la base, que se dedicaba a flirtear con las mujeres de la Cruz Roja, llegué a oírle decir en una ocasión:

—No tengo ni idea de qué estamos haciendo aquí. Haced lo que queráis con ellos.

Yo no concebía permanecer impasible, discutí a menudo con los jefes militares, me metí en problemas cada vez que abrí la boca para denunciar abusos o errores, y llegué a ser sometida a un proceso judicial militar porque una vez cogí la mano que le habían amputado con un machete a un chaval de catorce años y la llevé a un hospital fuera de la base para intentar que un médico se la cosiera.

Las condiciones eran atroces y no podía evitar pensar en Bergen-Belsen, porque aunque la alimentación que se daba a los cubanos era mejor que la de los campos de Hitler y no se replicaba la atrocidad, era imposible no recordarla: latía un aire demasiado parecido de miseria, confinamiento, hacinamiento y desesperación. Para muchos era una situación trágica e insoportable, y además de que se produjeron muchos suicidios se extendía una tremenda sensación de tristeza. Vi a hombres adultos llorando sin consuelo y escribiendo irrefrenablemente cartas en las que mostraban su deseo de regresar a su país, confesando que veían el viaje a Estados Unidos como un error y declarando: «Esto es peor que Cuba».

Entre la población de la base había muchos cubanos que eran genios absolutos, personas brillantemente inteligentes que hablaban dos y tres idiomas, y lo que no solo ellos sino todos demostraban es que eran auténticos maestros de la supervivencia en un lugar donde todo lo que se les ofrecía era un camastro y un pedazo de sábana. No faltaban tampoco personajes problemáticos, normalmente aquellos con aquel tatuaje bajo el labio. Sin embargo, los mayores problemas con los guardias federales los creaba la santería.

ODIADA POR EL KU KLUX KLAN

Lo peor en Fort Chaffee llegó cuando fue enviada a la base la División Aérea 82, en cuyo seno había miembros que representaban lo peor del Ku Klux Klan. Podían hacer maravillas con la porra, y lo primero que empezaron a poner en práctica fue la costumbre de despertar a los cubanos en mitad de la noche y realizar búsquedas como si estuvieran en una prisión, en las que se suponía que buscaban armas pero que en realidad eran redadas innecesariamente crueles en las que destrozaban las piezas de santería y cualquier otra cosa que los cubanos hubieran podido construir. Por más que yo me esforzaba en que se detuvieran nunca logré que me escucharan, aunque sí conseguí frenar los abusos con las mujeres embarazadas; eso hizo que me insultaran frecuentemente y me llamaran «amante *progre* de los comunistas».

Igual que me había pasado en mi infancia en Washington durante los disturbios raciales, allí también me insultaban a veces intentando denigrarme como una «*nigger lover*», y no me ocultaban su odio porque ayudara a los cubanos. Resultaba impensable que estuviéramos en el año 1981, pero esa era la realidad de la base y de Barling, la ciudad donde se radicaba, que era un territorio dominado por el Ku Klux Klan y donde no era inusual ver camisetas con el slogan: *I hate niggers*, «odio a los negros». Hubo algunas noches en que me tocó hacer guardia con soldados negros en que llegamos a ver en la distancia cruces ardiendo, envueltas en llamas.

Mark puede dar testimonio del aterrador dominio que el Klan ejercía en Barling. El primer día que fue al colegio no solo se unió a los niños hispanos y negros y comprobó que vivían aterrorizados, sino que recibió un panfleto que repartía un niño blanco y vio que anunciaba un campamento de verano del KKK que ofrecía entrenamiento paramilitar. No volvió a la escuela, pero sí tuvo ocasión de comprobar el odio que corría por las venas de aquella gente un día que salimos con Sam Taylor, uno de los guardias federales de la base que resultó ser «*grand imperial wizard*» del KKK, un líder dentro de la organización. Íbamos a hacer prácticas de tiro, el hombre puso una sandía en la distancia como diana y cuando Mark iba a apretar el gatillo se acercó a su oído y le dijo:

—Quiero que dispares a esa pieza de fruta como si fuera la cabeza de un negro.

Volver a Florida

Mi misión en Fort Chaffee llegó a su fin y entonces decidí volver al este. Bradshaw había ido a verme una vez a Arkansas diciéndome que quería que al acabar regresara y empezase a trabajar en el departamento especializado en Cuba de la Agencia de Seguridad Nacional, la NSA. No tenía claro que quisiera embarcarme en esa aventura, pero como no tenía dónde vivir cogí a Mark y volví con Valerie, que para entonces se había mudado de Pensilvania a Virginia tras casarse con un antiguo militar. Él no estaba bien de la cabeza y solía pasearse por la noche vestido con su uniforme, hasta que en uno de esos ataques cogió su arma y ejemplares de la revista *Playboy*, se metió en el baño, empezó a masturbarse y a limpiar el arma, y amenazó con matarnos a todos. Se lo llevaron esposado y el matrimonio de mi hermana, tras dos escasos meses, acabó.

Valerie propuso que nos fuéramos todos a Florida. Metimos nuestras pertenencias en una furgoneta de alquiler y ella, su hijo Bobby, Beegie y yo nos mudamos al sur. Yo tuve que conducir un coche que había conseguido a través de Bradshaw, un vehículo del Gobierno que, al no haber querido trabajar yo para la NSA, había acumulado miles de dólares de deuda por el kilometraje y por el uso de las tarjetas de gasolina. Sin saber cómo salir de aquello, lo llevé hasta el sur y lo tiré a un lago en Winter Haven, el lugar donde nos íbamos a instalar en Florida. Es obvio que no fue una buena idea. Un día apareció en la puerta de casa Mike Minto, un agente especial de Florida. Me informó de que la deuda acumulada era de unos doce mil dólares y que podía ser acusada de fraude. Cuando expliqué que no tenía dinero para pagarlo me dijeron que tendría que trabajar para ellos, así que empecé a colaborar con la DEA, la agencia estadounidense encargada de la lucha contra el narcotráfico.

«FIDEL, SOY YO»

Mientras estaba en Florida no podía quitarme de la cabeza mis vivencias con los *marielitos*, que me habían hecho darme cuenta de que no importaba cuánto tiempo pasara: nunca podría sacar Cuba de mí, la llevaba dentro y siempre estaba a mi alrededor. La voluntad de viajar a la isla iba creciendo dentro de mí. Estaba decidida a regresar, veintidós años después de mi primer encuentro en una tarde de febrero de 1959 con aquel barbudo alto, de mirada profunda y sonrisa arrolladora. Mi intención era que Mónica, que tenía ya casi veinte años, me acompañara, pero su visado fue denegado, posiblemente porque el apellido que llevaba, Pérez Jiménez, era una losa demasiado pesada como para dejarle llegar hasta el territorio de Fidel. Yo, en cambio, todavía tenía abierto el visado que me habían aprobado en la oficina de intereses en la embajada checa en 1979.

En septiembre de 1981, con una camisa roja y una chaqueta negra que me puse a propósito para lucir en mi regreso los colores de la bandera del Movimiento 26 de Julio, embarqué en Miami en un avión. Me sentí como esos familiares de cubanos que en esos días, tras superar un lento y pesado proceso burocrático en el que se analizaba hasta el último detalle, volaban felices porque el presidente Jimmy Carter, al llegar a la Casa Blanca en 1977, había levantado las restricciones de viaje que Ronald Reagan volvería a imponer en 1982. Como a ellos, a mí también me dominaba la felicidad, aunque en el vuelo me sentí tensa y un poco nerviosa porque no sabía bien qué estaba haciendo.

Nada más aterrizar en La Habana unos agentes me tocaron en el hombro, me pidieron que les acompañara y me llevaron a un pequeño cuarto tras hacerme pasar por una fila donde había un cartel que indicaba que era la vía para los diplomáticos. Había dos guardias, incluyendo un soldado armado con un rifle AK 47; el silencio era toda la respuesta que obtenía cuando hacía preguntas o reclamaba ver a Fidel, y sudaba sin cesar envuelta de nuevo por el calor y la humedad tropicales. Incluso así, nada me inquietaba. Para entonces ya estaba absolutamente tranquila y ajena a cualquier miedo, seguían llegando guardias pero sentía que me iban a llevar a ver al Comandante. Si había alguna amenaza o algo por lo que debiera sentir temor, era totalmente ajena a ello. Cuando uno de los guardias me dio un vaso de agua, tomó antes unos sorbos para demostrarme que no estaba envenenada. Yo ni me inmuté.

Sin mediar palabra, me sacaron de aquella estancia y salimos del aeropuerto José Martí, donde ni siquiera abrieron mi maleta para comprobar qué llevaba; nos metimos en un coche que olía a cuero nuevo y acompañada por cuatro agentes emprendí el camino hacia un destino desconocido. No me molesté en preguntar a dónde íbamos porque sabía que no obtendría respuesta, y esta llegó tras veinticinco minutos en la carretera. Habíamos llegado a una casa elegante, con columnas, una antena de satélite, dos guardias en la parte delantera y una puerta alambrada. Entré siguiendo a los soldados que me habían llevado hasta allí y me saludó una pareja de viejecitos a los que en ese momento no reconocí, aunque cuando pude verlos con más atención me di cuenta: eran los Fernández, aquellos profesores de inglés de Fidel con los que yo había pasado un tiempo en 1959. Nos fundimos en unos abrazos muy sentidos. Estaban muy mayores y vivían de forma humilde, pero fueron dulces conmigo y me ofrecieron una austera ración de arroz con frijoles, agua y una carne dura. En el plato cobraban forma las penurias económicas de la isla.

Me subieron a una habitación y cuando intenté abrir mi maleta uno de los soldados me hizo gestos indicándome que no lo hiciera. Podía oler los puros de Fidel y empecé a ponerme más ansiosa y a preguntar por él, pero solo me decían «espera, espera». Luego oí pasos y voces hablando rápido, en español, y los nervios empezaron a apoderarse de mí. Entonces se abrió la puerta y vi a un hombre con el pelo cano. Era él, Fidel. Me senté y empecé a llorar, sobrecargada de emociones y sin saber qué iba a pasar.

Pasó rápido a mi lado y con punzante parquedad me dijo:

—Hola, no llores.

Fidel nunca había podido soportar que yo llorara. Entonces solo se me ocurrió contestarle:

—Fidel, soy yo.

Me dio la mano, caminó un poco, se dio la vuelta y se quedó mirándome fijamente, lo que me provocó una gran incomodidad porque no podía saber qué estaba pensando. Entonces se sentó en una silla y simplemente dijo:

—Has vuelto.

Me acerqué a él, me arrodillé y puse mi cabeza en su regazo, aunque podía comprobar que no estaba muy entusiasmado de verme y posiblemente se sentía hasta molesto, mientras que para mí estar allí era como un milagro. Empecé a hablar con lágrimas en los ojos.

—Necesito encontrar respuestas, Fidel. Quiero saber de nuestro hijo, debo saber si existió alguna vez, si está vivo o muerto, no puedo vivir toda mi vida sin saber porque es como un agujero en mi alma. Si está vivo quiero saber de él, tengo que verlo. Romperé mi pasaporte si hace falta...

Le enseñé entonces fotos de Mark y Mónica, abrí la maleta para sacar los regalos que había llevado para nuestro hijo, seguí hablando entre sollozos... Fidel no parecía conmovido y todo lo que me dijo fue:

—Está bien. Todos los niños aquí pertenecen a Cuba.

Su seriedad no me hizo daño entonces, al contrario, aquello era suficiente, lo más cercano que había tenido nunca a una respuesta para el mayor y más frustrante interrogante de mi vida. El primer indicio de luz en el capítulo más negro.

ANDRÉS, POR FIN

Fidel hizo un gesto a un guardia, este le replicó y hablaron. Me comunicó que tenía que irse y cuando se levantó se abrió la puerta, para dejar paso a un muchacho alto y algo más delgado que mi hijo Mark, con el pelo negro y ligeramente rizado, vestido con una camisa azul, un pantalón caqui, unas zapatillas chinas, y con un par de libros bajo el brazo. Fidel dijo entonces:

—Andrés.

Nos dimos la mano. No sabía con seguridad qué estaba viendo pero no podía dejar de mirar al joven, que dijo algo así como «bienvenida a Cuba». Sin tiempo para la cortesía tras tantos años de incertidumbre le hablé dubitativa:

—¿Soy tu madre?

Él entonces me miró y me abrazó, y estallé en un llanto incontrolable que intentó aplacar.

—Ya no se llora más —me dijo, pero sus palabras hicieron mi llanto aún más incontenible.

No podía dejar de mirar a aquel muchacho, sus manos, su cara, esa nariz que era exactamente igual a la de Fidel... Definitivamente, sin ninguna duda, era su hijo, era como un joven Fidel. Era nuestro hijo, lo creo firmemente, y su imagen desde aquel día ha estado siempre en mi mente.

Fidel caminaba dentro y fuera del cuarto, y me dejó pasar algo de tiempo a solas con Andrés, que me dijo que era estudiante de medicina. Yo le enseñé las fotos de sus hermanos, intenté darle los regalos que había llevado en la maleta, mis zapatillas, mis pantalones, cualquier cosa que pudiera quedarse de recuerdo. Le dije también que necesitaba escribirle y me dio una dirección, a la que escribiría después y desde donde me llegaría una carta, aunque cuando abrí el sobre, estaba vacío.

Fidel bajó las escaleras y le oí abajo hablando con otra gente. No volvería a verle en persona nunca más.

Cuando Andrés se marchó me quedé sola y fui incapaz de dormir, aunque puedo jurar que aquel fue el día en que me he sentido más exhausta en toda mi vida.

Por la mañana bajé a desayunar y se me hizo saber que era mejor que me marchara, aunque querían que primero les contara mi experiencia en Fort Chaffee. Tres investigadores de Fidel se metieron conmigo en una habitación privada y empecé a contestar preguntas y a contarles y a escribir en inglés todo lo que había visto en aquella base, un relato de la segregación, el trato y el abuso de los *marielitos* que los dejó escandalizados. Todo lo apoyé entregándoles documentos que había llevado para confirmar lo que les estaba contando.

Me llevaron entonces al aeropuerto, me marché de Cuba y cuando aterricé en Miami seguía en estado de *shock*. Valerie vino a buscarme al aeropuerto y aún recuerda haberme encontrado alterada, casi histérica, incapaz de hacer nada más que repetir una y otra vez lo mismo:

—Lo he visto, lo he visto. He conocido a Andrés. Mi hijo está vivo.

10
UNA HISTORIA DE PELÍCULA

Andrés, mi hijo con Fidel, estaba vivo. Lo había visto, lo había conocido. Podía por fin enterrar mis dudas junto a todas las mentiras y la manipulación a la que había sido sometida, y aunque hubiera tenido que separarme de él y firmar una renuncia a intentar nunca llevarlo conmigo a Estados Unidos, podía no solo reivindicar mi honestidad, sino a mí misma como mujer y como madre.

Cuatro agentes del FBI vinieron a la casa que Valerie tenía en Eagle Lake y me entrevistaron durante horas. Describí con todo el lujo de detalles que pude a Fidel y a Andrés, la casa, la habitación, los guardas… El relato que hice rellenó dieciocho páginas y cuando acabamos me dijeron:

—Sabemos que dices la verdad porque estábamos allí.

Esa casa donde había visto a Fidel y Andrés estaba bajo continua vigilancia de la CIA. Lamentablemente, como tantas otras veces en mi vida, mi verdad resultaba incómoda para alguien.

Fui a Nueva York para ver a Mónica e intentar convencerle de que se viniera a vivir conmigo a Florida, pero también para contarle todo sobre su hermano y sobre Cuba, un relato tan emocionado e intenso como lo que acababa de vivir y que le hice mientras tomaba un *cappuccino* en un café. Cuando me levanté de la mesa, tras dar dos o tres pasos, me desmayé. Mónica me cogió en sus brazos y empezó a gritar histérica. Fue ella quien me salvó consiguiendo un taxi y llevándome rápidamente a un hospital. Desperté tumbada en una camilla, con un gotero inyectado en mi brazo y balbuceando frases sobre mi hijo en Cuba. Querían dejarme treinta días bajo supervisión psiquiátrica.

Acababa de sufrir un ataque cardíaco que siempre he estado convencida de que no fue natural, sino un *regalo* que, como *recompensa* por haber vuelto a Cuba, me dio el Gobierno de Estados Unidos, que creo que envenenó mi café con algo como escopolamina y me dejó para siempre como recordatorio un ritmo cardíaco alterado. Como tantas otras veces, no tengo manera de probarlo, pero resulta cuando menos sospechoso que alguien pagara todas las facturas del hospital y que de allí desaparecieran todos los registros médicos de mi estancia.

EL REY DE ELOISE

En cuanto pude regresé a Florida, sola, pues Mónica no quiso venirse y a Mark lo había enviado a vivir una temporada con un amigo en Indiana. En aquella época fumaba, y un día necesitaba comprar cigarros y me fui hacia una tienda conduciendo en un destartalado coche que me había comprado por unos cientos de dólares y que tenía agujeros de bala en uno de los laterales. Me quedé absorta al volante mirando una señal de Coppertone, la crema de protección solar, y choqué con un Cadillac, del que salieron ciento y pico kilos de hombre.

—Jovencita, va a tener que venir conmigo, soy el *sheriff* —me dijo muy serio.

—¿No podemos olvidarlo? —pregunté inocentemente.

—Podemos acabar esto aquí de buena manera si viene a cenar conmigo —soltó con descaro.

Vi perfectamente con qué tipo de hombre estaba lidiando, así que accedí y me llevó a cenar a un restaurante italiano, no sin antes pasar por una tienda y comprarme cuatro cartones de cigarrillos Parliament. Así fue como conocí a Alton Kirkland, según su propia definición «una auténtica maravilla para cualquier mujer: un delicioso y nutritivo *red neck* para lo que haga falta». Era un payaso bromista y divertido como el demonio, crudo y paleto, y con él no paraba de reírme, aunque se mostrara bárbaro con frases como «no quiero lagartos por aquí» en referencia a negros, portorriqueños, mexicanos y otra gente que recogía naranja y ocra en sus plantaciones o que cuidaba de sus vacas. Era auténticamente bruto cuando hablaba, pero me resultaba imposible no rendirme a sus encantos y me pareció delicioso cuando hizo cosas como definirse como «el rey de Eloise» o me anunció que iba a enseñarme la ciudad y al llegar lo que vi fue un enorme tráiler en uno de cuyos laterales había construido un porche.

—No necesito más —dijo cuando bromeando le pregunté dónde estaba el reino del que me había hablado—. Lo que necesito es una esposa —añadió.

Al parecer ya tenía una, o al menos eso pensé cuando al entrar en el tráiler encontré a una mujer tatuada que se subió por las paredes cuando me vio y ante cuyo estallido Kirkland no se alteró.

—¿Qué haces aquí? Sal de mi casa. Hemos acabado. Esta es mi nueva esposa —le dijo a modo de presentación.

Me di cuenta de que lo mejor para mí en ese momento era irme y dejar que arreglaran sus cosas, y volví a casa de Valerie, le conté que acababa de conocer a un hombre loquísimo y admití mi rendición:

—No sabía que los hacían así.

Al oír su apellido, mi hermana me informó de que era dueño de una gran compañía de camiones, Kirkland Transfer, y cuando él empezó a aparecer por casa preguntando por su «nueva esposa» ella me sugirió que dejara de decirle que no y aceptara, y así acabaría heredando una compañía de camiones. Pero yo me resistía a casarme, aunque me reía mucho con él y me gustaba nuestra relación. Prefería seguir viviendo a mi aire, entre el tráiler y la casa de Valerie, que en aquellos días también compartía su amiga Dot, una excéntrica que siempre iba cargando una tele portátil y era adicta a los culebrones.

Todo cambió cuando un día apareció por casa de mi hermana Pino Fagiano. Valerie siempre ha buscado a mis novios y había empezado una relación con aquel hombre con quien yo había tenido una relación tan tortuosa, supuestamente porque quería indagar en la mente de un jugador para una disertación sobre ludopatía compulsiva que estaba preparando. Él iba a mudarse con ella y para mí era demasiado, así que decidí irme y en aquel mismo instante me marché a ver a Kirkland y le pregunté:

—¿Dónde te quieres casar?

En enero de 1983, en una discreta ceremonia civil en un edificio del condado de Polk, me convertí en Ilona M. Kirkland.

Cocaína y armas

Valerie y Pino fueron testigos en nuestra boda, y él y mi marido hicieron pronto buenas migas. Para entonces yo sabía que Kirkland, que también tenía una compañía que avalaba fianzas para salir de la cárcel, estaba metido en trapicheos y negocios ilegales. Pero Fagiano era de la mafia, y el crimen organizado ejercía una atracción irresistible sobre mi nuevo marido. Pronto empezó a consumir cocaína y a mover marihuana en sus camiones y pronto también empezó a estar bajo la lupa de la DEA, la agencia estadounidense encargada de combatir el narcotráfico.

Cuando llevaba poco menos de tres meses casada, llamaron a la puerta y al abrir me encontré con Minto, el agente especial de las fuerzas del orden de Florida que había conocido por el incidente del coche de la CIA, y con otros dos agentes, incluyendo un tipo bajito de origen italiano que creo que trabajaba para la agencia. Me instaron a acompañarles para hablar de dos asesinatos que tenían sin resolver. Se trataba de un caso en el que habían encontrado los cadáveres de dos neoyorquinos y alguien había apuntado hacia mí como sospechosa. No tardé en descubrir que quien les había dado mi nombre era Pino, que les había enseñado también uno de aquellos artículos de prensa de los años setenta en los que aparecía mi foto con un arma y el titular *Las órdenes de la CIA para ella: matar a Castro*. Me arrestaron como sospechosa, cogieron mi pistola y la enviaron a Tallahassee para que fuera analizada. Minto también quiso acusar de asesinato a Mark porque las huellas de mi hijo habían sido encontradas en las bolsas y la cinta que envolvían los cadáveres.

Éramos inocentes y solo nos quedaba esperar a que lo entendieran y lo comprobaran. Yo, por mi parte, sabía bien lo que había pasado. Estaba segura de que era Pino quien había matado a esos dos hombres, porque en esos días en Florida seguía ejecutando contratos para la mafia de Nueva York. Respecto a la sospecha sobre Mark, tanto él como yo podemos recordar perfectamente el día en que Pino, que a veces se quedaba en nuestro tráiler y tomaba prestado nuestro coche, le había pedido a mi hijo que le diera bolsas de plástico y cinta adhesiva. También recordábamos cómo, cuando llegó con el coche oliendo a descomposición, nos contó una historia sobre un ciervo muerto y le dijo a Mark que limpiara el vehículo.

Cuando se probó nuestra inocencia, nos pusieron bajo protección en custodia porque Fagiano estaba en paradero desconocido y no fue arrestado hasta diciembre de 1983, cuando cayó en una operación encubierta en la que también fueron arrestados Kirkland y otras dos personas. Las autoridades llevaban tres meses investigando a mi esposo porque se había descubierto que usaba su posición como avalista de fianzas de cárcel para traficar con armas y dos agentes que se hicieron pasar por narcotraficantes le compraron siete pistolas. Iban a perseguir también el transporte de marihuana en sus camiones, y cuando los agentes encubiertos empezaron a hablar de drogas e inventaron la historia de alguien que les debía medio millón de dólares, Kirkland les dijo que tenía un amigo relacionado con la mafia que podría ayudarles. Así fue como los agentes conocieron a Pino, que se hacía llamar David Ring, se dijo conectado a «la familia» y «como en una escena salida de *El Padrino*», según diría después uno de los agentes, se ofreció a asesinar al deudor por veinte mil dólares.

Por si todo aquello no fuera suficiente para incriminarles, Kirkland accedió a transportar y almacenar marihuana para los policías encubiertos, y Pino, a venderles cinco kilos de cocaína. A Fagiano le cayó una sentencia de un año de cárcel y a Kirkland, cuyo abogado me acusó a mí de haberle tendido una trampa, le condenaron a cinco, aunque no por las drogas y las armas, sino por comprar objetos robados.

DIAMANTES EN LATA

Mark y yo seguimos bajo protección y colaborando con las autoridades en Florida. Pasamos un tiempo en Tampa, donde nos pusieron a vivir en un complejo de apartamentos cuyos dueños resultaron ser también narcotraficantes que movían cocaína en camas de agua, así que acabamos de nuevo con la casa llena de micrófonos y trabajando para la DEA.

No quería seguir allí ni un día más. Desempolvé la agenda, cogí el teléfono y llamé a Frank Smith, mi examante policía. Tuve que aguantar un rapapolvo y recriminaciones sobre cómo me había podido casar con alguien como Kirkland, pero Frank me dijo que volviera y me ofreció ayuda. Emprendí el camino de regreso e hice una escala en Washington, donde contacté con Andrew St. George, un reportero que había cubierto Cuba para la revista *Life* y estado en la Sierra Maestra con Fidel; allí cubrió las operaciones anticastristas. El Che siempre sospechó, como muchos otros, que era un agente de la CIA. Él me prestó cinco mil dólares y con ese dinero nos instalamos en Queens, en un apartamento en el 8811 de la Avenida 34, en Jackson Heights.

Era el año 1984 y Mark pudo volver a ir a la escuela. Yo me reencontré con mi viejo novio Frank Smith y empecé a trabajar colaborando con Wackenhut, una agencia de investigación privada que creo que en realidad era una tapadera para operaciones del FBI. La compañía tenía su sede central en Long Island y para ellos estuve trabajando un año, realizando diversos trabajos. El principal fue en una tienda de diamantes donde sospechaban que alguien estaba robando; yo descubrí que se trataba de unas señoras que llevaban más de quince años empleadas allí y que trabajaban en una sala acorazada donde se clasificaban las piedras preciosas. Su método era simple: de vez en cuando metían alguna de las brillantes rocas en sus latas de refresco, que se llevaban como si fueran a reciclar, pero aquellos contenedores metálicos que salían dejando un eco de ligero tintineo no les daban unos centavos o una conciencia ecológica sino miles de dólares. Yo me había hecho amiga de aquellas mujeres, había ido incluso a sus casas a conocer a sus familias y entendía su lucha, trabajando por poco más que el salario mínimo. Pero tuve que hacer de tripas corazón y denunciarlas, aunque fuera el fin de aquella misión, tras la que Wackenhut me puso a realizar trabajos de vigilancia en el aeropuerto de La Guardia, donde buscaba droga en las maletas acompañada por un perro.

En aquellos días desempolvé a otro de mis amantes policías, Bob Kelly, un detective de homicidios que para entonces había montado una empresa de servicios de investigación privada, y empecé a trabajar para él. Operaba principalmente desde la parte trasera de una furgoneta y por cuatrocientos dólares al día realizaba informes y tareas de vigilancia, grababa vídeos y tomaba fotos, sobre todo para casos de fraude a los seguros médicos y también registrando infidelidades que eran útiles en casos de divorcios. Aquella furgoneta era también nuestro nidito de amor.

ABANDONADA

Por aquellos días Geraldine, la esposa de Frank Smith, estaba muy enferma. Él me había regalado una vez un anillo de oro y me había dicho que nos casaríamos, pero un miércoles en que nos encontramos como tantos otros en la habitación que la policía mantenía en el hotel Marriot, junto al aeropuerto de La Guardia, y donde a lo largo de quince años habíamos mantenido nuestros encuentros, fue brutalmente frío:

—Se ha muerto. Geraldine se ha muerto. Ni lo pienses. No nos vamos a casar.

Solo le vería una vez más, dentro de un coche en el aparcamiento de ese mismo hotel.

—Odio las autopistas, el frío y la nieve, y mi hijo Casey es un grano en el culo, así que me voy a jubilar y me voy a Florida, a jugar al golf para el resto de mi vida —me anunció.

—¿Qué hay de mí? ¿Qué hay de nosotros? —pregunté entre lágrimas ante lo inesperado de su decisión y la evidencia de que sin él estaría mucho más sola.

Su respuesta se me quedó grabada:

—No está en nuestras cartas.

Así, simplemente, me dejó; quince años de relación cerrados sin un beso, sin un abrazo, sin una caricia. Esa noche me fui llorando. Nunca más volví a verlo, aunque una vez me crucé con su foto en una publicación policial donde imprimieron una despedida y me enteré de que tenía una gran casa en las afueras de Orlando y una pensión de doscientos mil dólares al año. Al menos la mitad no la merece, porque supuestamente le corresponde por un problema de rodilla que empezó en una persecución de un ladrón, pero yo sé que falsificó la lesión. Es una rata de cloaca, un bastardo, pero le echo de menos. Me duele. Y lo odio y le quiero. Me siento estúpida y engañada.

Buenos recuerdos

Se me rompió el corazón, aunque de aquellos días guardo también mi mejor recuerdo laboral de esa etapa, un trabajo que encontré por mi cuenta a través de un anuncio en *The New York Times* y que no tenía nada que ver con vigilar o espiar a nadie sino con ayudar a chicas jóvenes con problemas. Se trataba de un empleo en el Eufrasian Diagnostic Center, un centro del que se encargaban unas religiosas católicas en el que, tras *embellecer* mi currículo, fui contratada como asesora y en el que hablaba y ayudaba a adolescentes que habían sido víctimas de violación o agresiones, que enfrentaban adicciones o depresiones, que habían huido de sus casas, que intentaban suicidarse… No solo era un trabajo bien pagado y del que me sentía orgullosa por el respeto que me mostraban las doce empleadas a mi cargo: podía ayudar y atender a aquellas muchachas como no había sido capaz de hacerlo con mi propia hija.

Era feliz allí, hasta que un día la monja que dirigía aquel centro me dijo que tenían que dejarme ir. Sorprendida, pregunté por qué y me contestó que no podía darme una razón. Siempre he pensado que alguien que me quería fuera de aquel trabajo habló con ellas, quizá les puso sobre la pista de quién era, de mi agitada vida o del hecho de que nunca había entrado siquiera al instituto. Me quedé destrozada y el único consuelo fue que pude encontrar un nuevo empleo en otro terreno que también me gustaba, el cuidado de animales. Así que durante un tiempo trabajé para la Sociedad Americana para la Prevención de la Crueldad con los Animales, la ASPCA.

Otros como yo

Un día de 1987 Mark me trajo a casa un libro, *On the run*, que firmaba un tal Philip Agee, y más que leerlo lo devoré. Algo en mi interior fue cambiando conforme en sus páginas iba descubriendo que había otra gente como yo, personas que también habían hecho trabajos para la CIA que pesaban sobre sus conciencias y sobre sus vidas. Busqué a Agee y supe que Estados Unidos hacía años que le había revocado el pasaporte. Aunque exiliado, seguía en marcha y estaba intentando lanzar una asociación para *jubilados* de la agencia. Dave MacMichael, que estaba al frente del grupo en Estados Unidos, me envió un billete para ir a Washington, donde el 28 de noviembre de 1987 iba a tener lugar una rueda de prensa para presentar al grupo, del que formaban parte desde el hombre que colaboró en la deposición del presidente de Guatemala hasta un antiguo agente que fue enviado a Cuba para envenenar la leche, en un acto terrorista que afectó a muchos niños y abuelos en la isla, y que nos hizo llorar a todos con su relato.

Era liberador para nosotros poder hablar en público de lo que siempre había tenido que ser secreto y para la prensa fue una revelación impresionante, pero además era terapéutico exponer la insatisfacción ante trabajos y misiones que nos provocaban conflictos morales y que ni siquiera eran valorados por agencias que nos ignoraban o nos trataban como descastados. No soy la única que no recibe ni siquiera una pensión, aunque creo firmemente que la merezco. Por suerte, en el grupo encontré una familia muy unida de antiguos espías, una red donde nos protegíamos unos a otros y nos ayudábamos. Mac-Michael, por ejemplo, me dio cinco mil dólares cuando mi hija Mónica tuvo un problema médico que a punto estuvo de costarle la vida y ningún hospital la admitía porque yo no tenía seguro.

Rumbo a Hollywood

Aquella rueda de prensa nos dio enorme proyección y entre los primeros en reaccionar estuvo Hollywood, donde querían saber qué estaba haciendo el Gobierno y no querían un guión de ficción, sino conocer la historia de verdad y a la gente que la había vivido en sus carnes. Oliver Stone quería hablar con nosotros y nos pagaban a todos un viaje a California y cinco mil dólares por persona, y así acabamos en una enorme mansión en las colinas de Los Ángeles, donde una de las primeras personas con las que me crucé fue la actriz Daryl Hannah, a la que no conocía ni reconocí en ese momento pero que luego supe que estaba saliendo con John John, el hijo de Kennedy que luego fallecería trágicamente en 1999 en un accidente de avioneta. Nunca me han impresionado las estrellas de cine y tuve con ella una charla desenfadada; cuando le confesé que no sabía qué decir me animó a hablar sencillamente y con franqueza de lo que había hecho. Salí entonces al salón y escuché a otros antiguos agentes contando sus historias. Cuando llegó mi turno dije:

—Conocí a Castro. Soy una asesina fallida.

Algunos sabían de mi historia porque habían leído una serie de artículos que empezaron a publicarse en 1975 y recibieron mi narración con bravos. Quien más se involucró conmigo y con quien mantuve más contacto fue con Stone, que se mostró interesado en rodar mi historia y me dio incluso diez mil dólares para que me fuera a Alemania a indagar en mi pasado y redescubrir los siete primeros años de mi vida, aunque me iba a traicionar de nuevo mi espíritu *naif* y mi ignorancia absoluta de cómo manejarme en los negocios.

En Alemania conocí a una mujer, Anna Meizner, que trabajaba para una revista. Estaba interesada también en contar mis aventuras y desventuras, y me hizo firmar un documento que me aseguró que era necesario para investigar mi pasado. Sin abogado y con fe, estampé mi firma en aquel papel. Aunque Meizner verdaderamente publicó el artículo, resultó que el documento que me había hecho firmar era un contrato por el que le cedía los derechos de mi historia. Sin saberlo, yo había violado el acuerdo que tenía con Stone, que se puso hecho una fiera pero también me prestó a su abogado y tuvo que acabar pagando a aquella maldita mujer veinticinco mil dólares para que anulara nuestro contrato. Aunque Oliver y yo mantuvimos la amistad, aquello dejó una nota amarga en nuestra relación, y la idea de hacer la película juntos fue evaporándose. Él aún tiene material que le di, como aquella foto de Andrés que encontré escondida en los baúles de mi madre cuando murió.

Intenté conseguir más viajando a Cuba en 1988, pero no conseguí ni ver a Fidel ni recuperar documentos, así que, simplemente, pasé diez días de vacaciones. Me alojaba en un pequeño hotel, no en el Habana Libre, aunque me acercaba allí a comer; conocí a un atractivo piloto, a árabes, salía de fiesta, paseaba por el malecón... Por primera vez era una turista más.

En Hollywood conocí a un par de mujeres maravillosas que se convirtieron en grandes amigas mías. Una era Susanna Dakin, una multimillonaria, heredera de una importante compañía de juguetes, que perdió a toda su familia en un accidente de avión. La otra era Linda Tomassi, también fabulosa. Se habían conocido en rehabilitación y creo que eran novias. En 1990 iban a ir a una gran conferencia sobre medioambiente en Nicaragua y no sé por qué motivo tuvieron que cancelar el viaje y me ofrecieron ir en su lugar. Tenían todo pagado para dos, así que llamé a Mónica, que entonces vivía en California, y la invité a venir conmigo.

El dedo en el gatillo

Quedé en Miami con Linda para recoger los billetes de avión y los *vouchers* del hotel. Ella sabía toda mi historia con Walters y cuando pasamos por un hospital infantil de la ciudad vimos su estatua allí. Aquel bastardo avaricioso que nos había robado a mi hija y a mí y se había quedado con el dinero de Marcos había financiado la construcción de un pabellón que estaba bautizado en su honor. Linda sugirió que atáramos una cuerda alrededor de la estatua y la derribáramos con el coche pero yo tuve una idea mejor. Siempre llevaba mi pistola encima. Nos fuimos hasta las oficinas de Walters, Moore y Costanzo, su bufete de abogados, y subí hasta su despacho. Entré, cerré la puerta y le apunté, exigiéndole que me diera el dinero que nos debía. Todo lo que sacó de la caja fuerte fue una copia de nuestro fondo. Entonces le dije que quería matarle, volarle los sesos, y la cara se le encendió. Creo que mojó los pantalones. Quizá pensó que estaba loca y lo haría, y probablemente debería haberlo hecho, pero preferí dejarle con el miedo en el cuerpo:

—Volveré —le dije—. Vas a tener que vivir mirando por detrás de tu hombro todos y cada uno de los días de tu vida.

A veces desearía haber apretado el gatillo aquel día, pero no lo hice. Lo único que me consuela es que él tuvo sus propios problemas. Su hija fue asesinada y aunque alcanzó cotas altísimas de poder y a finales de los años setenta había llegado a ser enviado del presidente Jimmy Carter en el Vaticano, tuvo que presentar su dimisión cuando su bufete empezó a ser investigado por fraude y apropiación indebida de fondos.

HUELLAS DE ANDRÉS

Una vez en Nicaragua, Mónica y yo aprovechamos la estancia para visitar el hospital Carlos Marx en Managua, que estaba lleno de alemanes, y hablando con médicos y enfermeras supimos que muchas veces iban allí médicos de Cuba para cuidar a los niños. Empezamos a preguntar si alguien conocía a un doctor cubano llamado Andrés y nos hablaron de un atractivo joven que iba de vez en cuando desde la isla y ayudaba sobre todo a los pequeños amputados. Era Andrés Vázquez. Estoy convencida de que es mi hijo.

También en ese viaje conocí a Isabel Letelier, la viuda de Orlando Letelier, el embajador chileno en Estados Unidos y opositor a la dictadura de Augusto Pinochet que murió en un atentado con coche bomba en 1975, ejecutado por cinco miembros del exilio cubano, incluyendo a los hermanos Novo. Mónica, que en aquellos días era culturista y llegó a ser finalista en un concurso de Miss Fitness USA y a posar para *Playboy*, iba al gimnasio con uno de sus cuatro hijos, Cristián. Ella me presentó a Isabel y nos hicimos buenas amigas. Teníamos gente en común, como Larry Wack, que investigó el asesinato de su marido, y pronto nos convertiríamos en familia política. Tras el viaje, Isabel presentó a Mónica a otro de sus hijos, Francisco, y pronto se casaron; aunque el matrimonio no duró mucho, en 1991 Mónica me dio mi primer nieto, Matías, y me mudé un par de meses a California para ayudarle.

De regreso, alquilé en Queens un apartamento justo frente al que había alquilado Mark, y poco después Mónica y mi nieto se vinieron a vivir conmigo. Esos días estaba trabajando de nuevo en un libro de memorias que esta vez sí vería la luz. La editorial Thunder's Mouth Press —un icono de la contracultura, el *underground* y el progresismo— me había pagado cuarenta mil dólares y me había puesto en contacto con Ted Schwarzman, el autor encargado de ayudarme. De aquella colaboración, además, saldrían algo más que unas memorias. Un día envié a Mónica a las oficinas de la editorial para llevar unas fotos que se iban a usar en el libro. En aquella entrega conoció a Neil Ortenberg, el hijo de la diseñadora Liz Claiborne, que estaba al frente de la editorial, y poco después se casaron.

MÁS RATAS EN MI VIDA

El libro me devolvió a la actualidad, y una televisión de Miami empezó a organizar un encuentro entre Frank Sturgis y yo ante las cámaras que debía ser la escenificación de un acuerdo de paz entre los dos, una tregua. Los cubanos de Miami empezaron a amenazar con soltar mil ratas en la ciudad si yo iba. Adoraban a Frank y a mí me odiaban, supuestamente porque había fallado con las píldoras para matar a Fidel, porque había hecho que arrestaran a Sturgis en Nueva York, por mi testimonio en el Congreso… Si me odian por algo, no obstante, es porque sé mucho de ellos, de su trabajo sucio. Sé de cuántas cosas son responsables y por cuántos delitos han quedado libres. George Bush, por ejemplo, sacó de la cárcel a Luis Posada Carriles, que fue responsable del asesinato de Letelier.

El encuentro nunca se produjo. En diciembre de 1993 fallecía Sturgis, un par de semanas antes de cumplir los 69 años. Su abogado aseguró que había sido víctima de un cáncer, pero siempre ha habido rumores con otras versiones y dudas sobre qué le pasó realmente.

LA TRAICIÓN DE LA SANGRE

Antes de despilfarrar todo el dinero del libro decidí mudarme a Baltimore, adonde se había ido a vivir Valerie, que había abierto un centro para tratar a jugadores compulsivos y estaba invirtiendo en propiedades inmobiliarias. Una de las casas sobre las que tenía opción de compra era un *brownstone* en el 666 de Washington Boulevard, en una zona que en esa época, a principios de los noventa, era una barriada peligrosa y hoy se ha convertido en un área muy agradable. Puse todo mi dinero en rehabilitar esa casa y Mark, que había perdido su trabajo y tenido que dejar los estudios universitarios, se vino conmigo. Él y yo estuvimos trabajando nueve meses sin parar en esa casa, reconstruyéndolo todo. De repente, el antiguo dueño apareció diciendo que sobre la propiedad había una deuda de impuestos impagados de cinco mil dólares. No nos quedaba dinero y se lo pedí a Neil Ortenberg, que había venido a vernos con Mónica, y aunque primero dijo que nos lo prestaría, luego se echó para atrás. Al día siguiente Valerie se presentó en la casa diciendo que había pagado la deuda y que ahora la casa estaba a su nombre y era suya. Mark y yo, que habíamos invertido ahí todo mi dinero y mucho trabajo, nos quedamos sin nada y tuvimos que alquilar algo justo al lado. Mi hijo decidió volverse a Nueva York en 1995, y yo, sin medios para mantener el alquiler, me tuve que mudar con mi hermana y empezar a trabajar con ella en su hospital, donde me encargaba de tramitar el ingreso de los pacientes y me aseguraba de que sus camas estaban hechas y de que tenían su medicación.

Un día, mientras estaba en el trabajo, me caí. Cuando fui al médico en el hospital Johns Hopkins y me hicieron radiografías y un TAC, no solo me diagnosticaron una cadera fracturada sino una artritis degenerativa. Me registré en la Seguridad Social y fui sometida a tres operaciones, pero algo seguía sin funcionar. A la cojera le siguió la práctica imposibilidad de andar; subir las tres plantas hasta mi cuarto era impensable. Mark alquiló una furgoneta, vino a buscarme, recogió todas mis cosas y me dejó el apartamento que había conseguido en Queens.

En aquellos días, como desde entonces y hasta hoy, Beegie fue mi mayor apoyo y tras la operación de prótesis de cadera empezó a hacerse cargo de todo y me consiguió una cama especial; pero aún así no podía conseguir dinero para hacer frente a los gastos que se acumulaban y me entró el pánico cuando cesaron los pagos de la Seguridad Social y me quedé incluso sin la asistencia para alimentos. Me afligía un dolor físico severo y sentía que era ridículo y que iba contra mi naturaleza estar obligada a estar postrada. Quería morir, me sentía totalmente acabada y en ese momento, en 1997, con casi sesenta años, por primera vez en mi vida me veía tan hundida como para no poder levantarme.

Cuando contacté con la administración de la Seguridad Social para saber por qué habían dejado de cubrirme, se mostraron sorprendidos y me dijeron que en los últimos nueve meses se habían cobrado a mi nombre veintiséis mil dólares. Pero la auténtica sorpresa me la llevé yo, que había sobrevivido todo ese tiempo sin fondos y estaba a punto de ser desahuciada. Cuando les expliqué que no podía haber ido a cobrar ese dinero porque estaba prácticamente atada a una cama, y además no en Baltimore sino en Nueva York, enviaron a alguien para investigar, alguien que comprobó que no mentía y que ni siquiera podía acercarme hasta la puerta para abrirle. Tuvieron claro que era víctima de fraude y el inspector me explicó que no constaba siquiera que vivía en la ciudad porque alguien seguía cobrando en mi nombre en Baltimore. Supe que quien se hacía con los cheques era mi hermana, ayudada por su novio, un contable del FBI. Cuando la llamé se limitó a responderme:

—Imagino que cometí un error.

Las autoridades me dijeron que podía presentar cargos por fraude ya que tenían todos los recibos, pero no quise hacerlo porque lo que necesitaba era que me volvieran a dar cobertura. Necesitaba paliar el dolor en la cadera. El otro, el que se siente cuando la sangre te traiciona, solo el tiempo lo puede curar.

Recompensas

El desahucio aquellos días volvía a tocar a mi puerta y Mark, aterrorizado y viéndose incapaz de ayudarme, escribió una carta desesperada a un senador de Nueva York, Al D'Amato, que contactó con una sinagoga de nuestro barrio. Yo no era judía, pero me sentían parte de la comunidad por haber pasado por un campo de concentración. Un día apareció en casa un rabino, que emocionado me abrazó y derramó lágrimas por encontrarse con una superviviente. No solo me dio seis mil dólares y comida, además de pagar el siguiente año del alquiler del apartamento, sino que puso a mi disposición atención psicológica. Nunca nadie me había tratado con tanta ternura y compasión.

En aquellos días apareció en mi vida Wilfried Huismann, un reportero alemán que llamó desde Bremen y mostró su interés por conocerme, grabar un documental y escribir un libro. Willy había oído rumores de que había muerto y cuando en otoño de 1998 me visitó por primera vez en Nueva York me encontró solo medio viva, postrada e incapaz de realizar la cirugía que necesitaba en la pierna. Nos hicimos amigos inmediatamente y me dejó diez mil dólares para la operación. En esos días ya había recibido también una notificación del Departamento de Justicia de Estados Unidos en la que se confirmaba, además, que recibiría una indemnización como superviviente de Bergen-Belsen. Nunca había pensado siquiera en que me pagaran por haber sido prisionera, pero recibí cerca de ochenta mil dólares, diez mil por cada mes en aquel tortuoso encierro. El abogado se iba a quedar un pellizco muy importante, pero me quedaba lo suficiente para empezar de nuevo. Podía otra vez respirar.

VOLVER A CUBA, AL MAR Y A LA VIDA

Cuando Willy hizo el segundo viaje desde Alemania, yo ya me había podido someter a cirugía gracias a su ayuda y acudía a rehabilitación, y en cuanto pude caminar de nuevo contrató un viaje. En marzo de 2000 volamos a Cancún, en México, y desde allí él, su equipo, mi hijo Mark y yo embarcamos en el *Valtur Prima* rumbo a La Habana. Aquello era algo más que el proyecto de un periodista y documentalista: para mí representaba volver a un barco y al mar, significaba volver a la vida.

El 5 de marzo desembarcamos en la terminal de pasajeros de La Habana. Estaba de vuelta en Cuba, encantada pero también abrumada por los recuerdos y las emociones, y no podía hacer mucho más que mirar y llorar. Aún me estaba recuperando de la cirugía pero caminaba sin andador ni bastón, y paseé por el malecón, compré fotos del Che en una medalla de plata, volví con Willy al Habana Libre, viajamos a lugares como Isla Juventud, donde había estado la cárcel de Los Pinos...

Nos alojábamos en un hotel pequeño de La Habana y contábamos con el permiso del régimen para rodar, pero la petición de entrevistar a Fidel había sido desestimada sin dar explicación y Willy empezó a dar muestras de ansiedad y enfado. Había intentado buscar a mi hijo Andrés, que sabíamos que como Andrés Vázquez había ejercido como pediatra en Nicaragua, pero no tuve éxito. Chocamos también contra un muro al tratar de entrevistar a Fabián Escalante, que fue jefe de la seguridad cubana. Cada vez quedaba más claro que la película, que se titularía *Querido Fidel*, no iba a incluir ninguna imagen de mi reencuentro con el Comandante, una posibilidad ya de por sí remota que enterró definitivamente cuando decidió jugar la carta de que fuéramos a entrevistarnos con Díaz Yáñez. Yo me resistía a ese encuentro porque prefería mantener abierta la ventana de la esperanza, por pequeña que fuera, de que Fidel me recibiera o viniese a verme, y sabía que la cerraría del todo si íbamos a ver a Yáñez, que fue hombre de su confianza y ayudante y hasta le acompañó en su reunión con Nixon, pero que había caído en desgracia ya en 1960, para pasar después quince años en la cárcel. Solamente cuando estábamos ya camino del puerto para regresar a México acepté que fuéramos a verlo.

Yáñez vivía en un edificio viejo y muy pobre que indudablemente había sido elegante en su día pero que, como toda Cuba, hoy es triste y necesitado de una mano de pintura. Me alegré en el alma de reencontrarlo y los dos nos abrazamos y lloramos. Compartimos nostalgia y recuerdos, además de mucha emoción, pero yo tenía poco tiempo y tuve que partir.

FIDEL, TREMENDO HIJO DE PUTA

Cuando regresamos al barco, todo el mundo estaba muy triste y desilusionado, y le propuse a Willy escribir una carta a Fidel donde, por primera vez en mi vida, me atreví a hablarle con dureza extrema y críticas directas, y le recordé que podía haberle matado dos veces y no lo había hecho mientras que él, en cambio, ni siquiera se dignaba verme para ayudarme a hacer una buena película sobre lo que había pasado. No esperaba respuesta y por supuesto no la obtuve, pero *Querido Fidel* llegó a las pantallas, y el libro, a tiendas, bibliotecas y estanterías, aunque el Comandante hizo lo posible para que la película no se viera en algunos sitios, como en México, donde Willy cuenta que hubo presiones para evitar que se proyectara.

Lo que más me duele es que rodar aquel documental quizá fue lo que costó la vida a Yáñez Pelletier, que estaba perfectamente cuando le vimos en marzo de 2000 pero murió aquel 18 de septiembre. A día de hoy, Willy piensa que fue asesinado por vernos, y aunque yo admito no estar segura, sospecho que algo así es posible. Para Fidel, o estás con él o estás contra él. Sin fisuras. Así piensa, creyéndose un rey o un dios, moviéndose por celos o dejándose arrastrar por la furia si se considera traicionado. Incluso en la vejez puede ser un tremendo hijo de puta.

DEBERÍA SER FELIZ

Desde aquel último viaje a Cuba, mi vida se ha limitado a la mera supervivencia. Cierto es que ha habido momentos luminosos, como el viaje a Alemania en el 2000 para el estreno de la película, pero volví a quemar demasiado pronto los ingresos que me dejó aquel proyecto, fracasé de nuevo en el intento de comprar una casa en Brooklyn, tuve que irme un par de años a vivir en California con Mónica y su tercer marido, y cuando regresé en 2004 y me instalé en College Point, en Queens, tuve que someterme a otra operación de cadera. Gracias a Willy conseguí algo de dinero cuando me puso en contacto con una productora canadiense interesada en adquirir la opción de los derechos para hacer una película, pero aquello fue hace diez años y el proyecto nunca ha cristalizado. El único testimonio que hay de mi vida en las pantallas, aparte de *Querido Fidel*, es una lamentable película que se hizo para televisión en 1999, *Mi pequeña asesina*, en la que me interpreta Gabrielle Anwar y Joe Mantegna es Fidel.

Desde 2007 he estado viviendo en Queens, en un bajo gélido que me alquila Marie, una mujer venezolana que vive en la casa con perros y decenas de gatos. Mis días se limitan a tomar mis pastillas, ver la televisión, donde lo que más me gustan son los canales de historia, y hablar ocasionalmente por teléfono con mi hermano JoJo o con Valerie. Mark se mudó hace poco por su cuenta pero es quien aún sigue cuidándome, y me lleva al médico o me trae mis medicinas o la comida. Con él pude ir el año pasado a Alemania, a la presentación de una exposición que me dedicaron en un museo sobre espionaje, un viaje que habría sido maravilloso si no hubiera sido porque tuve una horrible discusión con Mónica, que también vino, y hemos dejado de hablarnos. Esa ruptura me rompe el corazón porque tras décadas de tensiones habíamos conseguido llegar a una buena relación y solo unos meses atrás incluso hablaba de mí con una comprensión abrumadora en vez de con rencor, e incluso decía que estaba agradecida porque gracias a mí no hay demasiadas cosas en la vida que le asusten.

Tengo ilusión por un proyecto de un musical basado en el libro de Willy que se prepara en Ámsterdam y mi hijo está intentándome buscar una casa en Alemania para sacarme de aquí. De cualquier forma, Marie me ha dicho que tengo que dejar este bajo... Solo quiero salir de esta caja de hielo, solo quiero un sitio donde vivir.

Es cierto que he tenido dinero en mi vida y lo he despilfarrado o gestionado mal, pero también creo que merecería una pensión por todos los trabajos que hice para el Gobierno de Estados Unidos, y no me refiero solamente al intento de acabar con la vida de Fidel, sino a otras muchas misiones: he capturado a criminales, he ayudado a traer bebés al mundo, he salvado vidas, y cerré la boca cuando era el momento de callarse. Todo eso es parte de la lealtad a un país. El abandono me enfurece aún más cuando sé que la mitad de los tipos que movían drogas en Miami están recibiendo 3.500 dólares al mes. Es injusto, pero sé que lo que a mí me sucede, el abandono, es parte de un pacto de venganza: si decides dar un paso atrás o salirte en lo más mínimo de sus normas, te dejan sin nada.

Lo que yo tengo ahora son solo los llamados «sellos de comida» que me ayudan con la alimentación; Medicare y Medicaid, los servicios sanitarios públicos para mayores y para pobres, y setecientos dólares al mes que me da la Seguridad Social, de los que quinientos se me van en el alquiler. Es injusto e insuficiente.

No me quedan conocidos o amigos reales a los que acudir. Muchos de quienes me podían ayudar, sobre todo mis amantes y conocidos de la mafia, se están muriendo o ya no están. A ellos, además, nunca les pediría dinero, me lo ofrecerían, y yo soy en cualquier caso demasiado orgullosa para pedir. Antes prefiero morir de hambre.

Tampoco puedo recurrir a la sangre. Tengo, por supuesto, a Mark, a *Beegie*, pero aparte de él no siento que tenga una familia. No lo digo como reproche, porque yo misma no soy buena en mantenerme en contacto, he sido una vagabunda toda mi vida, he vivido mucho tiempo sin una dirección fija. Tampoco lo digo con angustia: no lo echo de menos porque creo que no conozco lo que es la familia, y lo que no conoces, no lo añoras. Lo cierto es que nunca nos juntamos todos, no hacemos las cosas que tradicionalmente hacen las familias, como reunirse en la fiesta de Acción de Gracias, y cada uno va a lo suyo.

A Kiki se lo llevó un cáncer demasiado temprano, en 1992. Quiero a mi hermano JoJo, un hombre dulce que nunca me ha echado nada en cara y dice cariñosamente que yo, simplemente, soy como soy, y él y su mujer me mandan regalos por Navidad, también, a veces, zapatos y abrigos, y tengo el armario lleno de ropa nueva que no me pongo porque no voy a ningún sitio. Valerie también ha empezado a estar más presente en mi vida, pero cuando alguien te ha engañado, queda para siempre algo roto en algún lugar de la cabeza, recordándote que no debes confiar.

El amor tampoco creo que esté en mis cartas y a mí, que siempre me gustó rodearme de hombres guapos y amé a todos mis amantes, lo único que me quedan son los recuerdos. Con Fidel viví esa pasión que solo puede sentirse a los diecinueve años, una especie de celo animal. Era una chiquilla y me enamoré de él, de su grandeza, de su carisma. Me volvió loca con aquellos ojos, con sus caricias... Pero era como David contra Goliat. Él era tan intenso y carismático que asustaba, intimidaba, te hacía sentir como si estuviera en algún sitio ahí arriba y tú, mientras, abajo, en algún lugar desde el que era imposible llegar de verdad a él. Cuando lo veo ahora en la tele, viejo, parece triste, aunque imagino que si él me viera diría lo mismo de mí.

A Marcos lo conocí un poco más y también lo quise; amé a Eddie y, de una forma distinta, a Louis, que era un buen hombre y fue un gran padre para Mark, aunque quizá el que más me duele cuando miro hacia atrás es Frank Smith, más como una dependencia física, como si el golpe que me dio cuando se marchó a Florida y me dejó volviera cada vez que pienso en él. Nunca hice daño a ninguno de ellos intencionadamente, pero asumo que fue por mis errores por lo que todos fueron desapareciendo de mi vida, difuminándose. Lo único que me puedo decir es que en ese tiempo era estúpida y rebelde, insolente. Ahora duermo con mi perro.

Miro hacia atrás y también veo claramente que el sexo fue una de mis armas. Mucha gente quiso usarme para ello y a veces les dejé, pero yo también podía usarlo, les hacía sudarlo. Había tenido que hacerme fuerte sola. Desde que empecé a trabajar con Fiorini supe que estaba entrando en un mundo de hombres. En aquellos días no había otras mujeres operativas. Solo de vez en cuando contrataban a alguna para realizar una misión concreta, para que hiciera de secretaria y robara alguna información o espiara, aunque nunca encontré a una amiga. Luego, cuando empecé a relacionarme con el mundo de la mafia, a mis amigas de ese círculo no podía hablarles de mi trabajo, con ellas tenía que limitarme a conversaciones sobre hombres, sobre ropa…

Quizá por eso echo de menos a Sturgis. Le conocí demasiado tiempo. Siempre me recordó a Lennie Small, el personaje bruto en *De ratones y hombres*, de John Steinbeck, y eso es lo que era él para mí: la fuerza bruta, un hombre no educado ni muy brillante en política, un soldado obsesionado con «los rojos», con los comunistas, que jugaba a casi todas las bandas, se dejaba comprar por el mejor postor y también jugó con mi vida. Era un asesino, peligroso, pero también predecible, al menos para mí, que lo conocí bien y lo entendía. Hoy no hay más guerras en las que luchar: yo estoy vieja y él ya no está. Sin embargo todo sigue igual: las intervenciones en países extranjeros, los manejos en la sombra, las mentiras y los engaños a la población… De hecho, ha ido a peor. Y Estados Unidos está yendo hacia atrás.

Escribir este libro me ha obligado a volver a pensar en todo esto, en todo lo que he pasado, hecho y vivido. Sé que muchas de las cosas malas que me sucedieron me las hice a mí misma, y estoy orgullosa de haber sobrevivido. Otras de las cosas que hice me gustan y puedo mirar atrás y reírme. También a veces me hundo pensando que no soy feliz y me siento vieja y sola, pero cuando me atrapan esos pensamientos me digo que debo encontrar algo que hacer, algo productivo, quizá volver a plantar y cuidar un jardín. Estoy viva, achacada por los dolores pero viva. Debería ser feliz.